寻迹诚信：诚信知识知多少

李世平 ◎ 主编

潘勇军
张玉姝
武海涛
韩英 ◎ 副主编

立信会计出版社

图书在版编目(CIP)数据

寻迹诚信:诚信知识知多少 / 李世平主编. — 上海:立信会计出版社,2023.6
ISBN 978-7-5429-6680-3

Ⅰ.①寻… Ⅱ.①李… Ⅲ.①社会公德教育-中国-通俗读物 Ⅳ.①D648.3-49

中国国家版本馆 CIP 数据核字(2023)第 107249 号

策划编辑　窦瀚修
责任编辑　彭秋龙　戴　薇
美术编辑　吴博闻

寻迹诚信:诚信知识知多少
XUNJI CHENGXIN CHENGXIN ZHISHI ZHIDUOSHAO

出版发行	立信会计出版社			
地　　址	上海市中山西路 2230 号	邮政编码	200235	
电　　话	(021)64411389	传　　真	(021)64411325	
网　　址	www.lixinph.com	电子邮箱	lixinaph2019@126.com	
网上书店	http://lixin.jd.com	http://lxkjcbs.tmall.com		
经　　销	各地新华书店			
印　　刷	上海华业装璜印刷有限公司			
开　　本	710 毫米×1000 毫米　1/16			
印　　张	14.25			
字　　数	198 千字			
版　　次	2023 年 6 月第 1 版			
印　　次	2023 年 6 月第 1 次			
书　　号	ISBN 978-7-5429-6680-3/D			
定　　价	68.00 元			

如有印订差错,请与本社联系调换

本书系大中小学诚信教育一体化建设成果

编委会

主　编
　　李世平

副主编
　　潘勇军　张玉姝　武海涛　韩　英

编　委
　　张葛依　孙颖佳　鲁　敏　梁晓鸽
　　赵萌萌　赵玲利　张婷婷

序 言

不宝金玉,而忠信以为宝。诚信,是中华民族的传统美德。千百年来,一诺千金的佳话不绝于史,一言九鼎的故事广为流传。诚信早已融入中华民族文化的血脉,成为中国文化基因中不可或缺的重要一环。诚信,是社会主义精神文明建设的道德源泉,是我国当代道德体系的基础和根本价值取向,更是社会主义核心价值观个人层面的重要组成部分。

少年儿童是祖国的未来和民族的希望,引导少年儿童"学习和传承中华民族传统美德,学习和弘扬社会主义新风尚,热爱生活,懂得感恩,与人为善,明礼诚信,争当学习和实践社会主义核心价值观的小模范",事关担当民族复兴大任的时代新人的培养与锻造,事关美好生活和美丽中国梦的缔造与实现。

百年大计,教育为本,以"诚"筑"教",无往不利。近年来,教育部通过推动中小学思政课改革创新,建立健全师德师风建设长效机制,完善国家助学贷款政策等一系列举措,为诚信教育、社会信用教育保驾护航。作为全国高校诚信文化育人联盟理事长单位,上海立信会计金融学院以"诚信美德"为楫桨,大力推动大中小学联动的诚信文化育人体系建设,努力发挥诚信教育"中央厨房"功能,为处于人生起步期的少年儿童烹制"诚信美餐"。

学校紧紧围绕立德树人根本任务,紧扣义务教育阶段学生特点,组建由学校诚信教育教学专家组与上海市澄衷高级中学、上海立信会计金融学院附属学校育人专家共同构成的大中小学诚信文化育人专班,将高校构建诚信教育"合围之势"的经验与成果充分融入中小学教育教学实践,在传承中华优秀传统文化、借鉴世界优秀文明成果的基础上,编写《寻迹诚信:诚信知识知多少》和《走近诚信:诚信故事伴我行》。本书将以介绍诚信文化器物、讲好诚信故事等方式为少年儿童搭建诚信文化体验平台,帮助少年儿童在走近诚信人物、了解诚信历史、领略诚信文化的过程中,提升人文素养、恪守诚信品质,引导少年儿童在诚信情感浸润、诚信理论认知和诚信行为践行的协调统一中,成长为明大德、守公德、严私德的社会主义建设者和接班人。

让我们共同打开这套凝聚着大中小学教育工作者育人热忱的诚信读物,赓续诚信血脉,筑牢诚信基石,让诚信的力量不断生长!

李世平

2023年6月

目 录

缘起

识"诚" / 003

知"信" / 006

第一章

博物馆里找诚信之一——鼎 / 011

博物馆里找诚信之二——散氏盘 / 014

博物馆里找诚信之三——虎符 / 017

博物馆里找诚信之四——印章 / 021

博物馆里找诚信之五——史密森博物馆群落 / 024

博物馆里找诚信之六——成都城市英雄博物馆 / 028

锦绣风景寻诚信之一——堕泪碑 / 032

锦绣风景寻诚信之二——格兰特将军陵园 / 036

锦绣风景寻诚信之三——乔家大院 / 039

锦绣风景寻诚信之四——真理之口 / 042

锦绣风景寻诚信之五——遵义 / 046

锦绣风景寻诚信之六——守信园 / 049

日常生活践诚信之一——信用卡 / 053

日常生活践诚信之二——诚信超市 / 057

日常生活践诚信之三——诚信经营 / 060

日常生活践诚信之四——诚信选举 / 063

日常生活践诚信之五——诚信考场 / 066

日常生活践诚信之六——诚信柱 / 069

第二章

实事求是讲诚信之一——伽利略 / 075

实事求是讲诚信之二——华盛顿 / 079

实事求是讲诚信之三——门德尔松 / 083

实事求是讲诚信之四——爱因斯坦 / 087

实事求是讲诚信之五——彭湃 / 091

实事求是讲诚信之六——钱学森 / 095

说到做到守诚信之一——曾子 / 099

说到做到守诚信之二——商鞅 / 103

说到做到守诚信之三——宋濂 / 107

说到做到守诚信之四——卖火柴的小男孩 / 110

说到做到守诚信之五——季羡林 / 114

忠厚不欺扬诚信之一——三槐王氏 / 118

忠厚不欺扬诚信之二——郭伋 / 121

忠厚不欺扬诚信之三——晏殊 / 124

忠厚不欺扬诚信之四——胡雪岩 / 127

忠厚不欺扬诚信之五——李苦禅 / 131

忠厚不欺扬诚信之六——李晓龙 / 135

第三章

格言俗语蕴诚信之一——君子一言 / 141

格言俗语蕴诚信之二——有借有还 / 144

格言俗语蕴诚信之三——铁拐李 / 147

格言俗语蕴诚信之四——灶王爷 / 151
格言俗语蕴诚信之五——富兰克林 / 155
格言俗语蕴诚信之六——松下幸之助 / 159
古今成语赞诚信之一——言而有信 / 162
古今成语赞诚信之二——尾生抱柱 / 166
古今成语赞诚信之三——一诺千金 / 169
古今成语赞诚信之四——开诚布公 / 173
古今成语赞诚信之五——驷不及舌 / 177
古今成语赞诚信之六——精诚所至,金石为开 / 181
诗词歌画颂诚信之一——《季札挂剑图》 / 185
诗词歌画颂诚信之二——《中和乐九章》 / 189
诗词歌画颂诚信之三——《酬崔五郎中》 / 192
诗词歌画颂诚信之四——《任运》 / 196
诗词歌画颂诚信之五——图画绘诚信 / 200
诗词歌画颂诚信之六——《说到做到》 / 204

尾声

诚实花 / 211
结束语 / 215

缘　起

识 "诚"

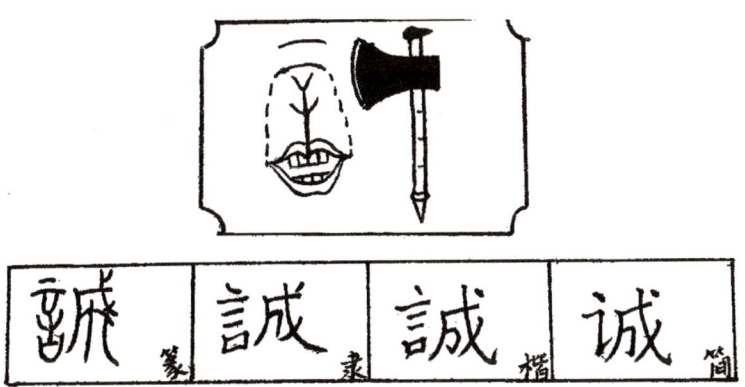

（绘图：赵玲利）

同学们，我们一起来认识图片中的字——诚。

我们从图中可以看出，"诚"由一张"口"和一把"斧"组成。"斧"在古代多用于仪仗、装饰之需，是军权和王权的象征。这两部分组成的字代表着从口中讲出的话是有权威且至高无上的。

随着时代的发展，"诚"的字体和含义也在发生变化。在金文中，"口"演化为"言"，指说话；"斧"逐渐简化为"成"，指停战，这部分既是声旁也是形旁。言(谈话) + 成(停战) = ，表示停战和解。

后来，篆文的"诚"延续了金文字形，图中下部分的第一个字就是"诚"的篆文字形。从隶书开始，"诚"字一步一步简化，直到变为今天我们看到的简体字——"诚"。

古语中的"诚"

诚,是中国儒家学派提出的一个重要概念,之后更是成为中国传统思想的重要组成部分。

在孔子生活的年代,"诚"还没有形成完整的概念。到了孟子时期,"诚"不但有了概念,而且十分重要。孟子说:"诚者,天之道也;思诚者,人之道也。"这句话的意思是:"诚是上天赋予人的本性;追求诚,是做人的根本原则。"后来,荀子又说:"父子为亲矣,不诚则疏。"这句话的意思是:"父子关系可谓亲密,但不真诚,关系就会疏远。"

在《礼记·中庸》里,"诚"被认为是礼的最核心部分和人生的最高境界;《大学》有八条目,即格物、致知、诚意、正心、修身、齐家、治国、平天下,"诚意"是其中之一。至此,"诚"逐步成了圣贤们体察天意、修身养性和治国平天下的重要环节。

正是因为先人们不断对"诚"进行体察和总结,"诚"在中国传统文化中有着越来越重要的内涵。

 阅读思考

1. 请同学们尝试用"诚"组词,数量不少于3个,并在词语中判断"诚"的内涵。

2. 请同学们搜寻一条有关"诚"的古语,读一读,记一记,并借助词典或网络等工具理解句意。

我 想 说

(鲁　敏)

知 "信"

（绘图：赵玲利）

同学们，我们再来认识另一个字——信。

我们从上图可以看出，"信"由一个"人"和一张"嘴"组成。"信"这个字在战国时期因为地域差别，写法也各有特点。但是，无论怎样演变，"信"都与"人"和"言"密不可分。我们从字的结构就能够大致推断出这个字的本意：与人有关，表示开口许诺时言语要真实。

"信"字在战国时期大量用于人名、封君名，还曾作为吉祥的文字刻在印章中。其意也开始引申为诚实、不欺骗；后来又引申为信用，就是指人能履行诺言而不令对方怀疑，在这个基础上，还可以引申出确实、可靠等意思。

（绘图：赵玲利）

古语中的"信"

"信"是一个会意字，最早起源于金文（人＋口），代表人开口说话。"信"字的篆文保持了金文的字形，后来隶书将篆文转化为信，这与现代的字形已经非常接近了。

《说文解字》中把"信"解释为"诚"，表示诚实不欺。《诗经》中有"信誓旦旦"，这里的"信"就是"诚"的意思。后来，"信"慢慢演变，其含义扩大，被列入了儒家的学说中。在儒家思想中，"信"意味着诚实、讲信用、不虚伪，这也是中国传统文化中道德修养的重要组成部分。

在孔子生活的时代,"信"要求人们按照礼的规定互守信用。《论语》中这样说道:"与朋友交而不信乎?"其意思是:"我与朋友交往有没有真诚相待?"这句话中"信"就是"真诚"的意思。老子在《道德经》中说:"信言不美,美言不信。"其意思是:"真实的话因为揭示了现实的残酷,所以不美妙动听;美妙的言辞、文章,其内容往往不真实、不可信。"这里,"信"就变成了"真实"的意思。

随着社会的发展、交际的需要,人们的认识也在不断变化之中,"信"的词义也一直在改变。

 阅读思考

1. 请同学们尝试用"信"组词,数量不少于3个,并在词语中判断"信"的内涵。

2. 请同学们搜寻一条有关"信"的古语,读一读,记一记,并借助词典或网络等工具理解句意。

我 想 说

(鲁　敏)

第 一 章

博物馆里找诚信之一——鼎

相信同学们对今天的主角——鼎一定不陌生。鼎是一种商周时期的青铜器。你知道鼎最初是用来做什么的吗？最初，它是烹煮或盛放肉食的器皿，后来逐渐成为祭祀、征伐、丧葬等活动中的礼器。

虽然鼎最初是作为食器出现的，但并不是家家户户都有机会使用它。只有权贵家族才会拥有鼎，所以，钟鸣鼎食被用来指代贵族。在古代，鼎

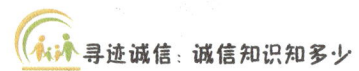

也是王权的象征,其数目有着严格的等级区别,即"天子九鼎,诸侯七鼎,大夫五鼎,士三鼎"。现存的鼎有很多,如司母戊鼎、毛公鼎和大克鼎。

诚 信 如 鼎

鼎作为一种重器是如何与诚信联系在一起的呢?

看到这个问题,我们马上会联想到成语"一言九鼎"。"九鼎"是古代传说里夏禹铸造的九个大鼎,用来象征九州(传说中上古的九大行政区域);在夏、商、周时期,九鼎是象征国家政权的传国之宝。后来人们用"九鼎"比喻分量非常重,成语"一言九鼎"的意思是所说的话信誉度极高,一言半语就能发挥重要影响或起决定性作用。这一说法出自《史记·平原君虞卿列传》,其中平原君赞扬毛遂说:"毛先生一至楚而使赵重于九鼎大吕。"

人们常说的"诚信如鼎"是对"一言九鼎"这一成语的化用。尽管如此,人们在生活中已经约定俗成,总会将鼎和诚信联系起来,原因大抵如下。

第一,提到鼎,人们就会联想到它的重量。鼎很重,放在哪里都相当稳定,一动不动。诚信如鼎,借用的便是鼎这种稳定沉重的特点。

第二,鼎在古代也是权力的象征,如同国家发布的号令一样,不能随意更改。这样人们很容易将鼎视为可靠、可信的代表。

正是有了这些原因,人们在宣传诚信文化时,会通过铸造"诚信鼎"来表示诚信。

1. 你在哪些地方或影视作品里见到过鼎?说说你对鼎的印象。
2. 请你利用课余时间,搜集与"鼎"相关的店名或商标,并与同学交流、汇总搜集的成果。

(赵萌萌)

博物馆里找诚信之二——散氏盘

(图片来源:台北故宫博物院官网)

图片介绍

散氏盘,又称矢人盘,西周晚期青铜器,因铭文中有"散氏"字样而得名。清乾隆年间出土于陕西凤翔,现被台北故宫博物院收藏。

散氏盘造型精美别致,圆形,浅腹,双耳,高圈足,腹饰夔纹。散氏盘不但被考古界视为珍宝,在书法等艺术领域也有着重要地位。不少书法爱好者会临摹散氏盘的铭文,散氏盘铭文拓本已成为书法学习者的临摹样本。散氏盘内底铸有铭文19行、357字。这篇铭文非常珍贵,它记载了关中地区两个诸侯国之间的一个诚信外交事件。专家们根据铭文内的人物推知,散氏盘的铸造年代约为西周厉王时期,记载的两个诸侯国是矢国和散国。

图片故事

散氏盘——古老的诚信契约

说起散氏盘的来历,我们需要先认识当时的两个诸侯国——夨国和散国。史学家考证资料显示,"夨"的含义是天、大、乾和震慑,夨国所在区域是周朝的军事基地,是周朝主力部队驻扎的地方。可以想象,有军队驻扎自然有震慑之威。散国国民和周天子不是同一个姓,其祖先也不是什么著名的功臣,但作为分封国,散国始终听命于周天子。从地理位置上看,散国位于夨国的西南,两国接壤。可是到了西周中后期,夨国不断扩张,势力越来越大。夨国人屡次侵犯散国边界,掠夺土地和财物。受到侵犯的散国人迫于国力弱小一忍再忍,直到忍无可忍,奋起反抗,并在这一过程中寻求周天子的支持。

在周天子的调解之下,两国签订了契约,夨国人用两块土地作为赔偿。在土地交接过程中,夨国人发誓,将土地交付给散国后决不毁约,否则按照土地价格赔付罚金,并让周天子昭告天下与夨国断绝来往。土地

交接后,散国人则把两国的契约铸造在青铜盘上,作为永久的证据。

由此,我们可知,散氏盘是诚信的象征。两个诸侯国之间的邦交协定不是限于口头,而是落实到具体可见的文字。它成为约束两国严格遵守协定、避免日后分歧的古老契约。

 阅读思考

1. 通过本次阅读,你知道散氏盘的哪些信息?

2. 说说生活中人们会在什么情况下签订契约(合同)?契约的用途是什么?

我 想 说

(赵萌萌)

博物馆里找诚信之三——虎符

你能从图片中看出这是什么动物吗？没错，这是一只老虎。这只全身刻满我们看不懂的文字的老虎可不一般。

1973年，西安南郊杜城村附近的一位农民在犁地时，捡到了一块铜锈斑驳的小物件，它就是后来成为陕西历史博物馆馆藏文物的杜虎符。杜虎符，现存左半符，虎作行走状，昂首，尾巴蜷曲。其背面有槽，颈上有一小孔。别看虎符体积不大，它在我国古代战争中却发挥着调兵遣将的重要作用。

虎符历来被认为是代表兵家诚信的器物，最早出现于春秋战国时期。兵符多由铜、玉或木、石制成，作虎形，为虎符，也有鱼、龟等其他形状。虎符制成两半，一半由国君保管，另一半由统帅保管。调遣军队时，必须在兵符勘合后方能生效。我们从杜虎符上的信息可以看到，当时用兵超过50人就必须出示虎符，一地一符，每个虎符都不一样，而且专符专用。在通信条件不发达的古代，虎符就是传递军令的密码。虎符代表着一种指令，这是一种诚信，也是一种权威。

图片故事

军令只认虎符不认将

《三国演义》第五十一回讲述的战争故事中也有虎符的身影。我们一起来回顾一下这个故事。

赤壁之战结束后,周瑜嘉奖三军。根据当时的有利战机,周瑜决定趁热打铁,夺取南郡。不料,有消息称刘备也有意夺取南郡,于是周瑜亲自找刘备商谈。为避免交战,诸葛亮提出先让周瑜攻打南郡,如果失败,再由刘备攻取。周瑜觉得这个条件可行,便欣然同意。后来,周瑜带领精兵攻打南郡,和曹家兄弟多次周旋。交战中,周瑜中毒箭坠马。随后,周瑜又出寨迎战曹仁,佯装剑毒发作,吐血而回。曹仁中计,败退襄阳。此时,周瑜领兵直取南郡,谁知南郡已被赵云占领。原来,正当周瑜和曹仁交战之际,诸葛亮已趁南郡空虚,命赵云夺取南郡。此时,南郡守将陈矫兵力不足,很快便败下阵来。赵云将陈矫的人马俘获后,找到了代表曹军军令的虎符。诸葛亮用虎符调出荆州守军,让张飞突袭荆州,又用虎符调出襄阳守军,由关羽袭取襄阳。就这样,诸葛亮借用虎符调兵,轻而易举占据了两城。

诸葛亮仅凭一枚小小的虎符,便将曹兵调开而不引起怀疑,不费吹灰之力夺取城池;而耗费许多钱粮、兵马的东吴周瑜却一无所获。不难看出,一枚小小的虎符就有搅动战争风云之力。据查,古代军队自建立起就会被灌输听命于虎符的观念,军令只认虎符不认将。当时新兵入伍第一件事就是学会认虎符,不见虎符,决不出兵。

阅读思考

1. 除了虎形的兵符,你还知道有哪些动物造型的兵符?

2. 结合本节内容,想一想你在生活中见过类似虎符这样的信物吗?请说说它的用途。

我 想 说

（赵萌萌）

博物馆里找诚信之四——印章

图片介绍

上海博物馆印章馆里陈列着自战国至清初各个历史时期的官私玺印400余方。置身其中，一枚枚印章见证了中华民族的发展历程，令人流连忘返。今天，我们就一起走进印章的天地。

印章最早是用来做什么的呢？其最主要的作用就是信用凭证。自古以来，无论帝王将相还是士人工匠，都会使用印章来证明身份，或者用它表明物品的归属，或者用它保证个人信用。说到印章与诚信的关系，从印章本身以印为凭的功能就不难看出"求真取信"的印信文化与诚信的交融。其实，世界上有不少国家也曾使用印章，但是只有中国在印章这一凭信之物的基础上，发展出独特的篆刻艺术，延绵至今。印章文化在华夏文明中源远流长。如今，印章已不再局限于起初的功用，而是集实用性和艺术性为一体的文化瑰宝。

一起一落皆是诚信

印章自古就是信誉的象征,作为一种诚信符号,印章至今仍被广泛使用。不信,留意观察身边,你就会在很多场合见到它。

2008年在北京举办的第29届夏季奥运会的会徽——"中国印·舞动的北京"是印章用于现代设计中的典型案例。会徽的主色调是经典的中国红,主体以印章为表现形式,突出北京的"京"字。不难发现,经过艺术处理的"京"字就像一个向前奔跑、迎接胜利的人。作为北京奥运会会徽的这一方"中国印",其象征着中国人民对全世界的庄严承诺:举办历史上最出色的一届奥运会。随着北京奥运圣火的缓缓熄灭,中国以一届"有特色、高水准"的体育盛会向全世界交出了完美的答卷,成功兑现了对世界的承诺。

当时,在面向社会公开征集北京奥运会会徽的活动中,主办方收到了来自海内外名家大师的近2 000幅设计方案。其中,"中国印·舞动的北京"这一设计以其鲜明的中国特色脱颖而出,成功展现了"以印示信"等中国文化的精髓,与奥运精神结合得天衣无缝。时任国际奥委会主席罗格称赞这个设计方案"出色,有诗意"。

时至今日,印章元素的设计也常出现在我们的生活中。一枚印章,一起一落皆是诚信;方寸之间,是对中国传统文化最好的传承。

1. 跟身边的同学说说你还在什么场合看到过印章。

2. 如果你要为自己设计一枚印章,你会如何设计？请尝试将它画下来。

我 想 说

（赵萌萌）

博物馆里找诚信之五——史密森博物馆群落

史密森博物馆群落是世界上最大的博物馆与美术馆联合会,也称史密森学会,成立于1846年,是集博物馆与研究所于一体的综合机构。该博物馆群落包括19个博物馆、美术馆和国家动物园,美国国家自然历史博物馆就是其中之一。史密森博物馆群落作为一个综合机构,一直致力于公共教育和公共服务,并为艺术、历史、科学等研究提供帮助。

美国国家自然历史博物馆以古生物和人类学相关的收藏在世界各博物馆中首屈一指。该博物馆馆藏标本除了来自本国境内,还包罗了来自南美洲、非洲、欧洲、亚洲、大洋洲等的代表性标本,馆内陈列内容丰富,包括天文、矿物、人类、古生物和现代生物五个方面,其中馆藏宝石、软体动物和海洋生物标本尤为名贵。

史密森博物馆群落背后
是一个国家的诚信

史密森博物馆群落的成立源于一位英国绅士的捐赠,而这位绅士却从未到过美国,他就是詹姆斯·史密森。史密森从小天赋过人,成绩出色,21岁就从牛津大学毕业,是英国著名的化学家和矿物学家。尽管他成就显著,还继承了家族的大笔财产,但遗憾的是他没有子嗣。1826年,已经71岁的史密森立下一份遗嘱,表示要把遗产留给侄子,但附上了这样的条件:如果侄子去世时无人继承,这笔遗产将捐给美国政府"用于增进和传播人类的知识"。谁知,史密森离世几年后,他的侄子也过世了。巧合的是,他的侄子也没有儿女继承财产。

当美国政府派人前往英国接受这份遗赠时,史密森侄子的家人已向英国法庭提出申请,要求将这笔遗产留在英国。最终,英国法庭判定遵照史密森的遗嘱,财产属于美国。

最初,美国政府确实准备落实史密森的遗嘱。为此,美国国会甚至还专门通过了一部学会组织法。然而,美国政府最终却用这笔钱购买了债券,没想到投资失败,血本无归。就在此时,美国第六任总统约翰·昆西·亚当斯站出来,强烈批评这一不讲诚信的行为,他表示不该辜负史密森这一友人对美国的期望。于是美国国会再次立法,恢复这笔财产并用于成立史密森学会。随后,美国在华盛顿特区建造了史密森博物馆群落。

1. 通过本次阅读,你能说说史密森博物馆群落的建成历史吗?

2. 生活中你有没有遇到过类似的诚信故事?你是怎么克服困难、完成任务的呢?

我 想 说

（赵萌萌）

博物馆里找诚信之六——成都城市英雄博物馆

说到博物馆，不少同学可能会想到博物馆里陈列着许多历史文物，这些文物仿佛讲述着久远的历史故事。这里为大家介绍一个特别的博物馆——成都城市英雄博物馆，它讲述的是现代城市中的英雄人物故事。这里的展品看似寻常，背后却有着感人至深的故事。

成都城市英雄博物馆位于成都市志愿者服务中心，于2019年11月

10日开馆,主要讲述先进人物的平凡事迹。这些先进人物有诚实守信模范、敬业奉献模范、见义勇为模范、助人为乐模范,也有成都好少年等荣誉的获得者。走进博物馆,制作豆瓣酱的器具等生活物品映入眼帘,这些平凡的展品讲述着城市英雄们的故事。博物馆还设置留言区供市民留言,为英雄们的先进事迹点赞,让人们近距离了解身边的英雄,向身边的英雄学习。

 图片故事

(绘图:赵玲利)

商海无桥信作舟

若熟悉川菜,你一定知道被誉为"川菜灵魂"的郫县豆瓣酱。郫县豆瓣酱作为民族品牌深受消费者的喜爱,而用四川传统手法制作出地道的

郫县豆瓣酱一般需要1~3年。为了缩短制作时间,成都鑫鸿望食品有限公司总经理陈旺开启了他的产品工艺改进之旅。

怀着对美食、川菜、豆瓣酱的热爱之情,陈旺创办了成都鑫鸿望食品有限公司。该公司主要生产豆瓣酱等调味酱料。陈旺发现过去很长一段时间里,豆瓣酱的制作工艺几乎一成不变,去壳切割、发酵制曲、搅拌翻晒都靠人工。盛放豆瓣的晒缸,要露天经受风吹日晒一年左右,这大大影响了生产效率。于是,他带领员工改善工艺,利用现代生物技术改进生产工艺,生产口味地道的豆瓣酱。但问题也随之而来,污水处理就是一个令人头疼的问题。当时,行业中还没有企业设置污水处理装置,生产过程中产生的污水也就随意排放。见此状况,陈旺内心不安,不惜成本采购了污水处理设备。他的这一举措使公司因率先设置污水处理装置而先后获得"诚信单位""优秀中小企业"等荣誉。

而提到成功经营的秘诀,陈旺说道:"商海无桥信作舟。做企业,首先要做的是信誉。特别是最开始阶段,企业就要将品牌的信誉树立好,讲道德,讲诚信。"得益于这种诚实守信的经营理念,该公司经营得越来越好。陈旺个人也作为诚实守信类模范代表,荣获第四届成都市道德模范的称号。

阅读思考

1. 通过阅读,请你说一说成都城市英雄博物馆陈列了城市英雄的哪些物品。

2. 如果你所在的城市也要建一座城市英雄博物馆,你认为哪些人的英雄故事可以作为代表呢?

我 想 说

（赵萌萌）

锦绣风景寻诚信之一——堕泪碑

图片介绍

同学们,中国有一座具有2 800多年历史的文化名城,你们知道它的名字吗?它就是湖北省襄阳市,也是楚、汉、三国文化的发源地,现为中国著名的旅游胜地。这座古老的城市有许多充满三国特色的景点、景物。

图中的羊杜二公祠就位于襄阳市西北部的岘山上,祠内有一块石碑,名为堕泪碑。堕泪碑原名羊公碑,是西晋名将羊祜病逝后,当地百姓为了纪念他而立。碑上镌刻着一段文字,传说是羊祜当年巡山时所发的感言:"自有宇宙,便有此山,由来贤达胜士,登此远望如我与卿者多矣,皆湮灭无闻,使人悲伤! 如百年后有知,魂魄犹应登此山也。"此后,每当百姓来祭拜羊祜时,他们都不禁想起羊祜对百姓的爱护和壮志难酬的遗憾,为之感叹世事无常,潸然泪下。久而久之,"羊公碑"的名称便被"堕泪碑"替代。

图片故事

羊祜诚信带兵

在后三国时期,魏、蜀、吴三足鼎立局面已破:蜀国被灭,魏国司马氏夺位成功,改国号为晋。东吴国力尚且强盛,晋武帝非常想灭掉吴国,便派遣大将羊祜为尚书左仆射(yè),镇守襄阳,统领荆州的一切事务。

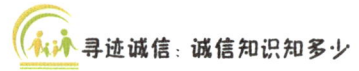
寻迹诚信：诚信知识知多少

在地理位置上,襄阳和东吴相接壤。当时东吴的镇守大将军是陆抗,足智多谋。但是羊祜用道义、诚信争取到了东吴的军心、民心。

他每次与陆抗的军队交战,一定会按照约定的日子,决不搞偷袭,也决不设置埋伏,光明正大地展开两军对战。行军经过东吴的地界时,士兵必须报告吃了东吴多少粮食,羊祜会派人拿绢布折价补偿给当地百姓。这样诚实的行为,令东吴人对其交口称赞。

有一次,羊祜和自己的将士一起外出打猎。出发前羊祜叮嘱大家:"我们只可在自己的地界内打猎,不可随意进入东吴的地界,不要因此挑起事端,发生战事对双方都没有好处。"晋国将士齐声答应。起初,大伙按照羊祜的叮嘱,只在晋国境内射杀猎物,没想到对面东吴的将士也在打猎。于是,羊祜特意与东吴守将联系,并下令:"双方各不相犯,如果有受伤的动物从东吴跑过来被我们逮住,一定不可以据为己有,必须送还东吴。"

正是因为羊祜带兵公正、严谨、诚信,襄阳一地治安良好,无论是晋国还是东吴,百姓和士兵一提起羊祜都会竖起大拇指。

羊祜死后,百姓们感念他的功绩,为他建了一座羊祜庙,立了一块羊公碑。自此,拜访者络绎不绝。每每追忆羊祜之时,大家无不痛哭流涕,后来便将这块石碑改名为堕泪碑。

阅读思考

1. 很多历史景点都会有碑的身影,请同学们回忆一下:你在哪里见过石碑?它们的背后有着怎样的故事呢?

2. 羊祜曾留下"天下不如意者,十有八九"这样世人皆知的名言,了解了堕泪碑背后的故事,你想对羊祜说些什么呢?

我 想 说

（韩英、梁晓鸽）

锦绣风景寻诚信之二——格兰特将军陵园

图片介绍

同学们,请仔细看一看这座建筑:它的下层为方形希腊神殿,上层为圆形陶立克柱,高约150米;建筑物上方刻有"让我们拥有和平"一行大字;门前两侧,两只巨大的石鹰展翅欲飞;石鹰旁,矗立着美国国旗和军旗。

你们知道这座建筑是什么吗?不知道吧,下面就揭晓答案——这是美国南北战争时期著名的北军统帅,也是美国第十八任总统乌利塞斯·辛普森·格兰特将军的陵园(墓地)。

格兰特将军参加过美墨战争与南北战争,战功赫赫。他是历史上第一位到达中国的美国总统。

一个百年契约

格兰特将军的陵园位于美国纽约市河滨公园的北部,每年都会有很多民众前往悼念。人们在将军陵前默哀完毕后,便会前往将军陵的后方,在悬崖边的一个位置驻足。那里有一座极小、极普通的小孩子的坟墓。

这究竟是怎么回事呢?

故事发生在1797年。有一天,一个5岁的小男孩偷偷从家里跑了出来,在悬崖边独自玩耍。可没想到,小男孩竟失足掉下悬崖身亡。当时这片土地的主人正是这个孩子的父亲。这位父亲悲痛欲绝,在找到孩子遗体后便把他埋葬在了悬崖边,并修了一座小小的坟墓,以作纪念。多年后,因家道中落,老主人因生活所迫,将此片土地转让。出于对意外身亡的儿子的爱与怀念,老主人对土地的新主人提了一个要求:小孩子的坟墓作为土地的一部分,永远不能损坏,一定要保持它的样子。新主人郑重答应了这个要求并将其写进了当时买卖土地的契约中。就这样,小孩子的坟墓被保存了下来。

时光飞逝,转眼100年过去了。这块土地不知道被转卖了多少次,遇到过多少新主人。孩子的名字也早已没人记得,但是他的坟墓仍完好无损。

1897年,这块土地被当地政府选中,成了格兰特将军的陵园。没想到,这块土地的新主人——美国政府,依旧遵守了那份古老的约定,无名孩子的坟墓被保留了下来,成了格兰特将军陵墓的"邻居"。

就这样,格兰特将军陵园成了一道独特的风景,也让这个美好的诚信故事广为流传。

1. 无名孩子的坟墓能完好地保存下来,你觉得背后的原因是什么呢?

2. 你了解"契约"吗?请利用适当的工具查一查这个词语的含义,并记录下来。

我 想 说

(韩英、梁晓鸽)

锦绣风景寻诚信之三——乔家大院

图中这座雄伟壮观的建筑就是位于山西省祁县乔家堡村的乔家大院。它不仅是一个旅游胜地,还是山西省爱国主义教育基地,每年会接待成千上万慕名前来的游人。乔家大院始建于1756年,整个建筑呈双喜字造型,共有6座大院、20进小院、313间房屋,是一座具有北方汉族传统民居建筑风格的古宅。它之所以被称为乔家大院,是因为这里曾是晋商中的翘楚——乔家的住宅。

从第一代乔贵发起家到第三代乔致庸当家,经过三代经营累积,乔家成为当时的商业巨族。而乔致庸可谓乔家殷实家财的奠基人,人们称他为"亮财主"。乔家大院还被称作"在中堂",其建筑中的木雕、砖雕、石雕、彩绘、牌匾等都有较高的艺术研究价值和欣赏价值。

那么,为什么乔家能成为晋商中的领军人物,成为货通天下、汇通天下的商业巨族?这与其背后的故事分不开,让我们去一探究竟吧!

乔家诚信经商

乔致庸的经商理念是一信、二义、三利,即以信誉徕客,以义待人,信义为先,利取正途。

从前在粮油市场里,有很多弄虚作假的商号,其为了增加盈利,不择手段欺骗百姓。当时,乔家在包头有一个很大的商号——复盛西,主要经营粮油生意,不管质量还是分量都有保证。因此,乔家的商号拥有了良好的信誉,同时也让乔家在包头站稳了脚跟。

一次,复盛西油坊往山西运送一批胡麻油,其中一个经手的伙计心怀鬼胎,为了谋取更大的利益,就往油中掺假。掌柜发现后,当即就把伙计

严厉地训斥了一番,并予以辞退。然后,他们倒掉了整批掺假的胡麻油,重新换了新油。虽然这一次意外让乔家损失巨大,但其声誉却一下子提升了不少,乔家由此成为包头当地百姓口中的良心商家。

不过,乔家有时也会"掺假"。每年快过年的时候,不管是达官贵人还是平民百姓,都会买粮油过年。乔家商号下的通和店是一家讲诚信、从不弄虚作假的粮油店,但是粮油店里的大米、白面都是有等级的,有钱人都会买价格贵、等级高的米面,而穷苦百姓手中无钱,只能买低等米面。每逢佳节,为了让穷人能吃上好的米面,乔家就会安排伙计特意将上等米面掺到低等米面里,随后按照低等米面的价格卖给穷人,因此,许多穷人都得到了实惠。大家得知乔家这样的"掺假"举措后,更是对乔家感恩戴德,乔家商号的生意也越来越兴隆。

阅读思考

1. 读了这个小故事,你知道乔家能成为商业巨族的原因了吗?
2. 晋商的诚信代表人物还有很多,你还知道哪些人物?

我 想 说

(韩英、梁晓鸽)

锦绣风景寻诚信之四——真理之口

图片介绍

同学们,你知道图片中这块类似人的面孔、张着大嘴的大理石雕刻是什么吗?它就是意大利罗马有名的旅游景点"真理之口",现安放在罗马市马赛洛剧场大街上的科斯美汀圣母教堂入口处。

"真理之口"安静地伫立在科斯美汀圣母教堂门口已经很久,再向前追溯,其实它仅是一只古罗马时代的井盖,于1632年在教堂外墙边被发现。那么,这座不起眼的小教堂和这块大理石雕刻为何会成为举世闻名的游览胜地和景点呢?原来,1953年由美国著名影星奥黛丽·赫本主演的电影《罗马假日》在世界各地放映,引起轰动。影片中出现的"真理之口"因此名声大振。此后,许许多多到意大利罗马旅游的人们都会不约而同地前往科斯美汀圣母教堂入口处,看一看名扬世界的"真理之口"。

图片故事

古老的测谎仪——真理之口

"真理之口"可以说是世界上最古老的测谎仪之一,关于它的传说有很多。

相传,"真理之口"是希腊神话传说中海神波塞冬的儿子——特里同的面谱。特里同的形象是人身鱼尾,人身和面孔像他的父亲,鱼尾则像他的母亲。因为特里同一贯严肃,张开大嘴好似发出审判,众神见了都会害怕。

几百年前,欧洲流传着这样一种说法:这副张着大嘴的面谱代表神的旨意及判决,说谎之人只要将手伸进"真理之口",手指就会被咬断;如果说的是真话,那个人将安然无恙。于是,人们常用"真理之口"来辨别一个人是否说谎,惩罚说谎者。

电影《罗马假日》巧妙地运用了这一传说,在其中设置了一个情节:男主角乔(小报记者)偶遇女主角(一个偷偷溜出来玩耍的欧洲某国公主),并把她带到了"真理之口"面前,告诉她咬手的传说。公主因为没有将她的真实身份告诉乔,所以不敢尝试,反而让乔去试试。乔灵机一动,装模作样地将自己的右手伸进"真理之口"(其实是把手缩进袖口内),然后突然大叫"手断了",这可把公主吓坏了。公主一把抱住乔,不知所措。乔好笑地伸出了完整无缺的右手,安慰了公主一番,然后俩人开心地离去。这个情节有趣、温馨,加上演员精彩的演绎,打动了许许多多的观众。与此同时,"真理之口"测谎的传说也传遍了全世界。

电影中浪漫的场景赋予了一块朴实无华的大理石雕刻崭新的生命,世界各地的游客在石刻前耐心排队、等候,只为一睹其"真容"。情侣们都会将各自的一只手伸入"真理之口",测测双方的真心,期待获得一份真诚的爱情。

阅读思考

1. "真理之口"虽然是个传说,但你从中得到了什么启示?
2. 撒谎、说假话往往会带来不好的后果,你自己或身边有这样的事情吗?

我 想 说

（韩英、梁晓鸽）

锦绣风景寻诚信之五——遵义

图片介绍

同学们,你们知道贵州省遵义市吗?"遵义"这个名字的由来,可是大有学问呢。遵义取自《尚书·洪范》"无偏无陂,遵王之义",是指行为要端正,处事要周全,这就是遵循先王的大义。

遵义市是我国第一批国家历史文化名城,享有很多美名,如"长寿之乡""厚朴之乡""名茶之乡"……曾获得"优秀旅游城市""全国文明城市""国家园林城市"等多项荣誉,同时它也是中国名酒——茅台酒的故乡。

1935年,中国共产党在遵义召开了著名的遵义会议。这次会议成为中共生死攸关的转折点,因此遵义也被称为"转折之城,会议之都"。1935年1月,中央红军在遵义停留了十多天。在那段艰苦的岁月里,红军和遵义市的老百姓之间发生了很多感人的故事。

图片故事

纪律严明的红军

遵义会议纪念馆的展柜里有一张布告,布告上的内容是这样的:"红军是工农群众自己的军队,红军所到之地,绝对保护工农贫民的利益。红军是有严格纪律的军队,不拿群众一点东西,借东西要送还,买卖按照市价。"落款是当时的红军总政治部代主任李富春。

说起这张布告,老红军们大为慨叹。1935年,在红军抵达遵义之前,国民党反动派一直向当地老百姓宣传红军是烧杀抢掠的盗匪,将红军妖魔化。许多从没有接触过红军的百姓都相信了,特别是一些稍有家底的商人害怕被红军没收家财,纷纷逃离了遵义。当时,一位刚结婚的印刷店老板李炳文大胆留了下来。之后,红军大部队来到遵义,为了消除老百姓对部队的误会,撰写了一份宣传布告,辗转找到了李炳文,让他帮忙印刷。一开始,李炳文有些担心,连印刷的钱都不敢收。经过一番接触,他发现红军很客气,出的价钱也很公道,甚至还会多给一点。就像布告中说的那

样，红军非常讲诚信，爱惜老百姓，是工农群众自己的队伍。

红军离开后，国民党来到遵义，要求当地百姓上交红军留下的所有东西。当反动派搜查李炳文家时，李炳文妻子急中生智，把布告底稿藏到帽筒里，把米倒进帽筒里，盖住了底稿。这份底稿才没有被搜查到。

就这样，这份珍贵的历史文物才被完整地保存了下来。

1. 讲诚信，拉近了红军与老百姓的关系。诚信也是人际交往的基石，生活中，你有这样的感受吗？

2. 漫漫长征路，红军与百姓间的诚信故事还有很多，希望同学们可以看看中央广播电视总台"长征路万里行"节目，了解更多红军的诚信故事。

我 想 说

（韩英、梁晓鸽）

锦绣风景寻诚信之六——守信园

（绘图：赵玲利）

在山西省忻州市繁峙县有一个旅游文化重镇——砂河镇。此镇历史悠久、风景秀丽，名人轶事很多，这使该地区拥有很多旅游资源。近几年，砂河镇政府积极打造文化旅游品牌，憨山旅游景区的规模越来越大，也吸引了越来越多的游客。

2019 年，憨山旅游景区多了一组漂亮的景观。这组景观位于莲花广场南边，拥有一个非常好听的名字——守信园。此园名称来源于一个典故。园中的雕塑向大家展示了春秋时期一位繁峙人的守信故事。这个故事在《左传·宣公十五年》和《史记·郑世家》中均有记载。守信园向前来观光的游人讲述着那个距今 2 000 多年的感人故事，让人在信步游览间仿佛重回当年，一睹那位志士的风采。

图片故事

解扬守信

那么,这位守信志士究竟是何人呢?《繁峙县志·人物传记》有记载,此人名叫解(xiè)扬,字子虎,晋国人。

春秋时期,中原大地诸侯纷争严重,战争频频发生。据史书记载,楚国攻打宋国,宋国向晋国求援。晋国国君经过考虑,答应与宋国联盟,特委派大夫解扬去传信,并要求他告知宋国军民一定要坚守住城池,晋军救援马上就到。可不幸的是,在前往宋国的半路上,解扬就被楚军抓获了。楚王怜惜解扬是一个人才,亲自劝降:"你只需诓骗宋人,告诉他们晋国不会有援军救援,就可保住性命。"解扬沉着应对,假意答应了下来。楚王不知其中有假,非常高兴,连忙将解扬送到宋城外,要求解扬按答应说的向

宋人喊话。登上战车后,解扬面对宋人,却大声喊道:"我是晋国的使者,受晋王委托,前来传递一个好消息——晋军马上就会赶到,请你们一定坚守住城池!"楚王因上当受骗而非常生气,厉声喝道:"你这个小人,怎么不守信用?不要命了吗?""我没有不守信用!"解扬毫无愧色地回答道,"我是晋国的臣子,受命于晋王,答应向宋人传递消息。如果为了保命,我向宋人说了假话,就是失信于晋王,失信于宋人。"缓了缓,解扬又道:"如果换作楚国的臣子背叛您,取信于别国,楚王殿下,您说这是守信还是不守信呢?"解扬的一番慷慨陈词,让楚王沉思了很久,楚王最后决定将其释放,并称赞他是忠臣烈子。

阅读思考

1. 你喜欢解扬吗?这个故事给了你什么启示?

2. 在旅游途中,你看见过有故事的景点吗?请把知道的故事说给同学、家人听一听。

我 想 说

（韩英、梁晓鸽）

日常生活践诚信之一——信用卡

同学们,图片中是什么卡?你们认识吗?这就是很多人都在使用的信用卡!这张卡虽然不大,但在现代社会中的用处可不小。今天,我们就一起来了解一下它背后的故事。

1915年,信用卡第一次出现在美国。当时,美国一些商店、饮食店为吸引顾客、推销商品,发给顾客一种像金属徽章一样的信用筹码,后来又用塑料制成的卡片,作为客户消费的凭证。顾客可以在这些发行筹码的商店及其分店凭借信用筹码赊购商品,约定时间再进行付款。这就是信用卡的雏形。

寻迹诚信：诚信知识知多少

　　1952年,美国加利福尼亚州的富兰克林国民银行作为金融机构,首先发行了银行信用卡。从20世纪70年代起,许多发展中国家和地区也开展信用卡业务。

　　信用卡是我们这个时代发展较快的金融业务之一,可以在一定范围内替代传统现金流通,同时具有支付和信贷两种功能。持卡人可以用信用卡购买商品或享受服务。如有需要,持卡人还可以通过信用卡从发卡机构获得一定的贷款。

图片故事

信用卡中的诚信

　　小红上三年级,她的妈妈是银行工作人员。最近妈妈可忙了,有时候妈妈从单位带回来一大堆文件,这是晚上要加班完成的任务。

　　一天晚上,小红完成作业后,帮妈妈沏了一杯热茶。她走到书房,发现妈妈正在为白天在单位没有完成的工作收尾。趁着妈妈喝茶的间隙，小红问了妈妈一个知识点——信用卡到底是什么？妈妈见小红如此好学，忍不住笑了："女儿长大了！你想知道的话，今天妈妈就来告诉你吧。"从妈妈的口中，小红得知，办理信用卡需要出具个人有效身份证，有时还需要提供个人收入情况，因此，信用卡并非想办就能办。虽然我们很多时候都可以使用信用卡进行提前消费，但是如果延迟还款，就需要支付额外的利息。如果某人恶意拖欠信用卡还款，他不仅会成为失信人，而且会因此影响其日后的生活呢。

妈妈还告诉小红一个客户失信的故事。27岁的张先生信用卡账户逾期长达一年。其间，银行不断提醒他及时还款，他都置之不理。最终，他被列入失信被执行人名单。后来，张先生再到银行申请购房贷款时，银行拒绝了他的贷款，因为他已经是一个失信的"老赖"，这就是失信付出的代价。

（绘图：赵玲利）

1. 从这个故事中你学到了信用卡的哪些知识？
2. 向爸爸妈妈请教：还有哪些消费方式和信用卡类似？

我 想 说

（鲁　敏）

日常生活践诚信之二——诚信超市

同学们,你们知道上面图片的来历和故事吗?这是一家没有售货员的诚信超市。生活中,你们有没有见过类似的超市呢?

早在 2016 年,世界电商巨头亚马逊就开办了全新的线下商店 amazon go。在这样的线下商店里,从刷手机进店到选商品,再到最终拿购买的货物,全程都没有营业员,全由顾客自助完成。因为没有营业员,所以是否付钱、到底付多少钱全由顾客自己决定。这就是诚信超市的雏形。

2017年,中国的阿里巴巴无人便利店在第二届淘宝造物节上亮相。在这次造物节上,体验者想要进入这样的体验店,需要先通过二维码进行身份验证。验证完信息后,体验者还要签署一个支付宝免密付款协议。完成这些步骤的顾客便可在购物的过程中完成付款。而从身份验证到购物付款的整个过程,其实就是购物者在用个人信用进行诚信购物的过程。

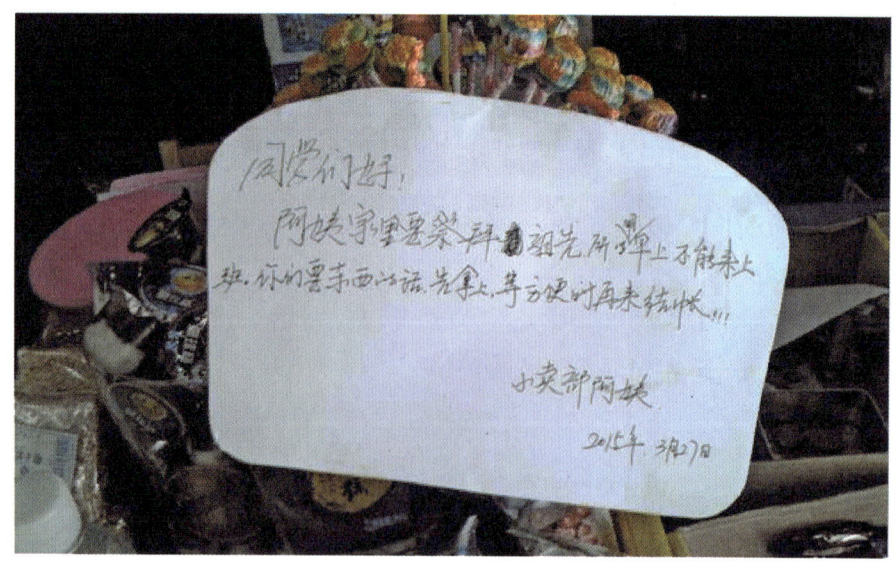

在"诚信超市"践行诚信

这个平凡又温暖的故事发生在上海立信会计金融学院松江校区。清明节又到了,学校的小卖部没有经营者,却多了一张字条。小卖部经营者刘阿姨因为忙于祭扫不能前来上班,她担心给学校师生带来不便,便在纸条上写道:"同学们好,阿姨家里要祭拜祖先,所以明(天)早上不能来上班。你们要(买)东西的话,先拿上,等方便时再来结帐(账)。"没有华丽的语言,也没有生动的修辞,字里行间却是小卖部经营者刘阿姨对学生的关爱。学校微信公众平台"小信鸽"推送了这张字条的照片,被数千名同学转发。当天,在这个无人售卖的小卖部,大学生们有的按照商品标价将零钱放进钱盒,有的留下署名字条写明所购商品,他们都用自己的诚信来回报刘阿姨的那份信任。这信任如一股暖流,流进了每个人的心里。

无独有偶,这所学校的浦东校区也出现了类似的"诚信打印店"。尽管打印店没有自动投币机这样的自助机器,但是来这里打印、复印的学生和小店老板还是自觉形成了互信关系。不需要老板帮助的简单复印,多由学生自己完成,而后学生主动向零钱盒里投硬币或者通过扫码的方式付款。打印店运营很多年,学生与老板从来没有因为不信任而产生过矛盾和纠纷。在这里,因为相互信任,平凡又温暖的故事还一直在上演着。

1. 你有在超市进行诚信买单的体验吗?你有什么感受?
2. 你觉得还可以在哪些地方开设"诚信超市"?可以开设哪些类型的诚信超市?

我 想 说

(鲁 敏)

日常生活践诚信之三——诚信经营

同学们，你们知道3月15日是什么节日吗？细心的同学看过上图，应该已经有答案了——每年的3月15日是国际消费者权益日。

那么，对于这个节日你们又了解多少呢？国际消费者权益日，由国际消费者联盟组织于1983年确定，目的在于扩大消费者权益保护的宣传，让消费者权益能够在世界范围内得到重视，这样就可以促进各国和地区消费者组织之间的合作与交流，在国际范围内更好地保护消费者权益。

1984年12月26日，中国成立了消费者协会。1987年，中国消费者协会加入了国际消费者协会。自1991年3月15日起，中央电视台推出现场直播"3·15"国际消费者权益日消费者之友专题晚会。从开播以来，晚会揭穿了无数骗局、陷阱、黑幕以及假冒伪劣商品，维护了公平公正。

如今，每年的3月15日，晚会都为保护消费者权益发出强烈呼声。

诚信经营示范街

这个周末，爸爸妈妈开车带着小丽来到了上海浦东新区的羽山路。这条街从2014年开始启动社区诚信体系建设，如今是浦东的一块诚信招牌。

在停车场停好车后，爸爸妈妈带着小丽一起步入羽山路诚信经营示范街。尽管周末人流较大，但是在这里看不到无序设摊的情况，整条街道整洁有序。爸爸妈妈告诉了小丽其中的奥秘：羽山路27家商户有一户一档的诚信档案库，商户们还成立了洋泾诚信经营示范街自律委员会。委员会有5名成员负责日常的食品经营商户管理和安全监督。因为委员会监督很严格，所以每家食品类商户都遵守食品安全法，建立食品原料、食品添加剂产品进货查验等记录体系，如实记录产品名称、规格、生产日期、保质期及供货商等信息。根据爸妈的提示，小丽还看到家家商户都安装了"明厨亮灶"电子显示屏。店里的各种信息都显示在屏幕上，消费者能安心就餐。

转了好几圈之后，小丽终于选定一家餐馆，准备和爸爸妈妈一起美餐一顿。刚进餐馆，小丽一家刚好遇到了正在餐馆进行检查的市民巡访团。听说巡访团的成员有诚信建设红榜人物、小区居民、诚信建设志愿者等，他们的存在让消费者更加放心。

消费者对羽山路的商户都十分满意，商户也由此提升了自己的口碑与业绩。往来其间的市民越来越多，羽山路也成了一条著名的风景街。

1. 如果你是消费者,你愿意去羽山路消费吗?
2. 你觉得该怎么做才是诚信经营呢?诚信经营的好处有哪些?

我 想 说

(鲁　敏)

日常生活践诚信之四——诚信选举

（绘图：赵玲利）

同学们，图片中的漫画人物在做什么？左边的人正通过花钱的方式让右边的刷票公司帮自己在选举中进行刷票。这样的行为对吗？

选举，无论在中国还是国外都很常见。很多时候，大家可以选出一个或几个人在集体中担任某个职务。

国家领导人、基层干部、学校领导，包括学校里的大队委员、优秀学生干部等，都需要通过选举来产生。同学们，你们在学校里也一定参加过选举活动吧。

选举是集体对适合的人选进行投票推举，充分体现了投票人的想法。虽然这是一种非常民主的方式，但有时候，有些人为了得到自己想要的职位，会通过不正当的方式来为自己拉票。没有诚信，选举就失去了意义。

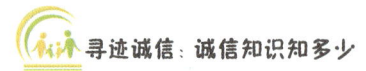

寻迹诚信：诚信知识知多少

现在,就让我们一起打开诚信选举的话题吧。

图片故事

诚信选举从校园开始

上海立信会计金融学院附属学校又到了一年一度的大队委员选举时间。最近,五年级二班的小丽觉得日子过得特别充实。经过班级推荐,她成了一名光荣的大队委员候选人。按照学校之前的程序,接下来小丽要自行准备竞选海报和竞选视频向同学们介绍自己。这些宣传形式能真实反映自己的方方面面,不仅可以让大家对自己有更深的了解,也是自己践行诚信的表现。

学校的正式选举终于开始了。通过同学们的无记名投票,中队辅导员从班级中选出了几名正式代表和列席代表。这些代表将出席学校的选举大会,为大队委员选举投下庄严的一票。在周一下午的班队会课上,每个班级都打开电视收看转播——学校阶梯教室的选举场面在全校实时公开。这次大队委员选举结果出来后,大队委员们将会成为学校大队活动的主力军,策划、组织、协调等工作将由他们来完成。因此,选举出能力强、干劲足、愿意为大家奉献的大队委员是一件非常重要的事情。小丽班级的几位出席代表全程认真聆听了候选委员们的自我介绍,并慎重地投下自己宝贵的一票。他们不仅做到思想上的诚信,还通过行动支持了学校大队部的工作。

学校德育处、大队部的老师及优秀学生代表在此次选举中担任评委,他们在评审过程中也实事求是、讲诚实、守信用,最终选出最合适的大队委员为学校服务。

1. 你参加过学校的选举吗?你有没有诚信投票?
2. 你的爸爸妈妈参加过选举吗?可以向他们了解更多有关选举的故事。

我 想 说

(鲁　敏)

日常生活践诚信之五——诚信考场

同学们,看到图片中的几个大字了吗?这是一所学校正在进行的一场诚信考试。

为了检验学生的知识与品德,许多学校都开设了无人监考的诚信考场。在诚信考场上,学生答题全凭自律自觉。学校通过设立诚信考场来考验学生的诚信,这种方式慢慢受到了广泛关注。

诚信考场上考生的来源形式很多:学生可以自愿报名,也可以投票抽签,还可以由学校随机指定等。因此,诚信考场上学生的学业水平也没有统一的标准,每所学校按照自己的实际情况进行选择就可以了。当然,诚信考场也不仅仅意味着没有老师监考。孔子曾经说过:"人而无信,不知其可也。"这句话的意思是:"一个人如果不讲信誉,真不知他能做什么。"遵守承诺,坚决抵制作弊行为,是对学生自觉能力的考验。

 图片故事

(绘图:赵玲利)

诚信考场让诚信成为一种自觉

正值大学期末考试之际,上海立信会计金融学院的公共选修课思想道德修养正在进行考试。学校近70%的班级没有一个监考老师。这是怎么回事?原来,学院正在举办诚信考场的活动呢!

考试开始了,通过学校的视频监控,考官们能清晰地看到:无人监考的考场上,考生的手机、复习资料等与考试无关的物品,都被放在教室前后指定的区域。在考试期间,所有的考生都低着头奋笔疾书,始终在全神贯注地答题,考场上秩序井然。"叮……"随着铃声响起,考试结束了,各

个考场的主考教师来到考场收卷。考生已经按顺序将试卷放在讲台上,班级内一位负责的同学清点好试卷后交给主考老师,经两人签字确认,考试顺利结束。

上海立信会计金融学院早在第一任校长潘序伦在任期间,就进行过荣誉考试。参加考试的学生要严格遵守学校诚信考场的规则,如果有学生违反规则,就会受到"作弊开除"的处罚。如今,全校越来越多的班级已承诺诚信考试,这意味着全班要保证无人违反考试纪律,若有一人违规,全班"连坐"扣分。学校也试点为毕业生出具大学生个人诚信报告。这个诚信报告不仅在学生毕业时增加了其对用人单位的吸引力,也让越来越多的学生认识到诚信的重要性,激励他们报名参加诚信考试,还提高了学生的诚信意识。

1. 如果小学开设诚信考场,你会报名参加吗?为什么?
2. 如果你在诚信考场中发现有同学作弊,你会怎么做呢?

我 想 说

(鲁 敏)

日常生活践诚信之六——诚信柱

同学们，上面第一张图片是上海立信会计金融学院的校徽，第二张图

片则是上海立信会计金融学院松江校区诚信广场上的诚信柱。上海立信会计金融学院是全国唯一一所校名与诚信挂钩的高校,大家知道这所学校校名的来历吗?这个名字和诚信又有怎样的关系?为什么这个学校会建造诚信广场和诚信柱?这背后又有着一段怎样的故事呢?让我们一起来了解一下其背后的故事,看看诚信是如何在上海立信会计金融学院一路传承的吧。

 图片故事

让诚信的种子在心中生根发芽

浦东一所小学开设了金融课程。一次秋季实践活动,这所学校四年级的小朋友去参观上海立信会计金融学院松江校区,了解一所大学的诚信文化。

经过2个多小时的车程,大巴车缓缓地在上海立信会计金融学院松江校区的停车场停下了。集合整理好班级队伍,同学们在大哥哥、大姐姐的带领下,从学校大门进入,准备参观。

远远的,大家就看到了校园内的广场上立着一根如同双手托起的柱子。这可是他们今天一个最重要的行程。满脸好奇的小学生们已经迫不及待地问:"哥哥姐姐,为什么广场上立着这么高的一根柱子?"在哥哥姐姐的介绍下,同学们知道了这个广场就是松江校区有名的诚信广场,广场上的这根柱子则是立信校园最重要的文化地标——诚信柱。

同学们都冲向了面前的这根柱子,只见柱子上面雕刻着学校创始人潘序伦校长的头像。这位老校长儿时深受中国传统文化中诚信观的影响,后来在美国留学时,又对西方诚信观有了深入了解和认识。所以他在创立立信会计事业时,将"民无信不立"的中国传统诚信观与现代会计相融合,确立了立信的文化精髓。柱子上"信以立志、信以守身、信以处世、信以待人、毋忘立信、当必有成"24个字就是在提醒立信学子要将诚信作为自己为人处事的标尺和准则。它是潘序伦诚信思想的生动体现,也是立信品牌延续近百年的根本动力。

参观完诚信广场,同学们继续在校园中感受大学的美好,而诚信的种子也开始在他们的心中生根发芽……

1. 你从上海立信会计金融学院的发展中受到了哪些关于诚信的

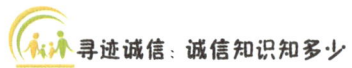

寻迹诚信：诚信知识知多少

教育？

2. 试着为班级设计一期关于诚信的黑板报，丰富我们的校园文化。

我 想 说

（鲁　敏）

第二章

实事求是讲诚信之一——伽利略

同学们,图中的人物就是大名鼎鼎的伽利略。他的全名叫伽利略·伽利雷,他是意大利著名的物理学家和天文学家。

相信同学们对提出惯性定律的牛顿耳熟能详,而伽利略是比牛顿更早提出惯性和加速度概念的物理学家。他的理论为牛顿的理论体系奠定了基础,可以说,他是经典力学的鼻祖。而在天文学方面,他的贡献包括使用望远镜对金星相位的确认、对金星的观测,发现木星的 4 颗最大卫星、对土星环的观测和对黑子的分析等。这些都是伽利略的重要成就,对后世有巨大的影响。伽利略对17世纪自然科学的发展起到了重大作用。

 图片故事

失业不失信

在中世纪的意大利,有一位不学无术又刚愎自用的公子哥,名叫麦里奇。虽然他是比萨大公的私生子,但是大公对他格外宠爱,并封他为公爵,百姓都在议论他。为了改变百姓对自己的看法,也为了向父亲证明自己是一个非常有才华的人,麦里奇花了很多钱,找人帮忙制造了一台笨重的机器,想要疏通一个废弃已久的港口,从而使港口重新运转起来。他认为这样就能造福百姓,获得百姓的好感。但是这台机器非常笨重,功能也有待完善。为了扩大影响,他大肆宣传,把他的机器夸得天花乱坠。他还请来了当时就已经非常出名的伽利略。麦里奇对伽利略说:"只要你夸赞我的机器,我就给你一笔钱。"伽利略来到机器旁,仔细检查后说:"这机器不行,并不能完成任务。"麦里奇听了非常生气,执意把机器放到港口去工作。然而,这台机器刚刚放入水中,一会便沉了下去,完全没有起作用。围观的群众哈哈大笑,麦里奇觉得非常丢人。他灵机一动,张口就说:"这都是伽利略的错,都是伽利略没有提醒我这台机器有参数上的问题。"

麦里奇甚至还诬告伽利略,说伽利略曾经公开说过大公的坏话。而大公又很相信自己的孩子,对伽利略也厌恶起来,再加上以前也有很多人嫉妒伽利略的才华,突然间,街上开始到处流传关于伽利略的各种不好的信息。

伽利略在得知这件事之后,表现得十分淡定。他虽然对百姓无故相信这种谣言而感到气愤,但他更为别人的不诚实感到生气。他绝不会向不诚实妥协,哪怕失去工作。于是,他毅然辞去了大学的职务。麦里奇得知此事之后,还特意找到伽利略说:"只要你肯认错,承认我的机器是好的,我就给你工作和钱。"伽利略却说道:"不诚实和失业一样可怕,我已经失业了,我可不想让另一件可怕的事情发生。"

阅读思考

1. 作为一名学生,伽利略对科学的诚实态度对你有何启示?
2. 除了故事中的科学探索和学术研究领域,诚实的品质在其他行业也同样重要吗?请你举一事例与大家谈一谈。

我 想 说

(张葛依)

实事求是讲诚信之二——华盛顿

你知道美国第一任总统是谁吗?他就是乔治·华盛顿。1732年,乔治·华盛顿出生在美国弗吉尼亚州的威克弗尔德庄园。他是一位富有的种植园主之子,年少时就继承了一笔可观的遗产。

在美国独立战争时期,华盛顿曾担任将军和总司令一职,在军中威望很高。在美国建立之初,华盛顿主持制定了美国宪法,领导创立了共和政体,所以后人将他称为"美国国父",并将其视为美国创立者中最重要的一位。

《独立宣言》是美国最重要的文件之一,它正是在华盛顿主导下发布

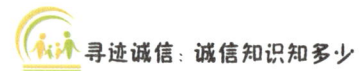

的。《独立宣言》的发布在整个人类历史中都有着深远的影响。为了表示对华盛顿的敬意,美国国会决定以他的姓氏为首都命名。所以,今天美国首都的名字就叫华盛顿。

 图片故事

(绘图:赵玲利)

实事求是的华盛顿

乔治·华盛顿从小就是一个诚实的孩子。华盛顿与爸爸发生过这样一个故事。

有一天,华盛顿的爸爸从国外买回一棵极品樱桃树。爸爸特别喜欢这棵樱桃树,将它栽在花园中,并每天精心打理,不让它受一点伤害。

几天后,爸爸送给华盛顿一把小斧头。这可是华盛顿想了很久的礼物,他特别高兴,将小斧头在手上转来转去,心想:爸爸的大斧头能砍倒大树,我的小斧头能不能砍倒小树呢?于是,华盛顿拿着小斧头兴致勃勃地来到花园。花园中的小樱桃树好像在向华盛顿招手:"来吧,华盛顿,快点试试你的小斧头锋利不锋利。"华盛顿高兴地跑过去,举起小斧头向小树砍去,只听"咔嚓"一声,小树断成了两截,倒在地上。

傍晚,爸爸回来了,看到自己心爱的小樱桃树倒在地上,十分生气,怒吼道:"是谁把我的樱桃树给毁了?到底是谁?让我知道绝不轻饶……"爸爸脸色铁青,嘴唇都在哆嗦。华盛顿见爸爸很生气,心里虽然害怕会被处罚,但还是鼓起勇气对爸爸说:"爸爸,樱桃树是我砍的!我只是想试试您送我的斧头是不是很锋利。"

爸爸看到华盛顿有勇气承认自己的错误,不但没处罚他,反而称赞他:"好孩子,你的诚实让我很欣慰,即使一万棵樱桃树也比不上一个诚实的孩子啊!"华盛顿听了惭愧地低下了头,说:"对不起,我以后再也不会乱砍树了。"

1. 通过本次阅读,华盛顿身上有什么精神值得你学习呢?
2. 华盛顿的爸爸那么喜爱樱桃树,为什么轻易原谅了华盛顿呢?

我 想 说

（张葛依）

实事求是讲诚信之三——门德尔松

同学们,你们爱听音乐吗?悠扬浪漫的音乐总是能让人心情愉悦,而图片中的人物就是德国著名音乐家门德尔松。他被誉为杰出的"抒情风景画大师",他的作品以精美、优雅、华丽、浪漫而著称。

在当时的德国人心中,门德尔松是浪漫乐派最具代表性的人物之一。他的音乐优美动听,常常使人陶醉其中。小时候,门德尔松有"钢琴神童"的美誉,从9岁开始就公开演奏,花了10年时间完成了全世界

巡回演出。20岁的时候,他指挥《马太受难曲》,为巴赫作品的传播做出了重要贡献。

这位英俊浪漫的音乐大师,有着良好的道德修养。他非常重视诚信,即使在英国女王面前,他也绝不会为荣誉和金钱而放弃自己的诚信。他不仅有着天才的光环,更有着谦虚、诚实的高贵品质。

诚实的音乐大师

在门德尔松20岁那年,他跟随乐队到英国演出。因为才华出众、演出精彩绝伦,他的名声很快就传遍了整个伦敦。一夜之间,门德尔松成了无数人心中崇拜的对象。

这个消息自然也传到了维多利亚女王那里。维多利亚女王很想见见这位年轻的天才音乐家，特意在白金汉宫为他举行了盛大的招待会，还邀请了很多名人、贵族前来参加。在当天的招待会上，门德尔松一连演奏了好几支动听的曲子，以答谢女王的盛情邀请。

门德尔松在演奏曲目《伊塔尔兹》时，全场瞬间安静，大家陶醉在音乐中，享受这旋律带来的美好。演奏完毕后，场下即刻迸发出雷鸣般的掌声，维多利亚女王走到他面前，不禁连声称赞这支曲子写得好，竖起大拇指说："你真是一个了不起的音乐天才！你的才华确实令人佩服！"参加招待会的其他人也连连点头表示赞同。

听到这么多人的赞扬声，门德尔松却没有特别高兴，脸反而一下子红到了耳根，急忙摇手尴尬地说："不，不，不，大家误会了，这支钢琴曲并不是我创作的。"门德尔松认真地向女王和在场的人们解释道："这支曲子真的不是我创作的，而是我姐姐芬妮亚的作品。这并不是我的作品，大家误会了！"

后来大家才知道，门德尔松出生在德国一个有名的知识分子家庭，姐姐芬妮亚天资聪慧，长大后成了一个相当出色的作曲家。只是由于门德尔松的家庭不赞成用女人的名字发表作品，因此姐姐才用了门德尔松的名字。虽然别人并不知道这件事，但诚实的门德尔松并没有隐瞒，而是在大庭广众之下公布了这支曲子的真正作者。他诚实的品格值得大家敬佩！

阅读思考

1. 门德尔松很有才华，同时也是一个诚实的人。从这位音乐家身上你学到了什么？

2. 当你获得不属于自己的荣誉或赞美时，你会像门德尔松一样坦白承认吗？联系生活实际，说说你的想法。

我 想 说

（张葛依）

实事求是讲诚信之四——爱因斯坦

说起爱因斯坦,同学们一定会称赞他是一个聪明的人。他被公认为人类历史上最具创造性的人物之一,他一生中开创了物理学的四个领域:狭义相对论、广义相对论、宇宙学和统一场论。他的研究对人类进步有着巨大的贡献。

爱因斯坦为人谦和、幽默风趣,且才华出众。他毕业于苏黎世联邦理工大学。1905年,他的毕业论文就已经发表在德国的《物理年鉴》杂志上。他的很多知识都是自学而来,他喜欢探索未知,喜欢研究艰深的领域。正是这股钻研劲让他取得了很多成果,他的光电效应研究获得了诺贝尔物理学奖。

爱因斯坦为核能开发奠定了理论基础,开创了现代科学技术的新纪元,被公认为继伽利略之后最伟大的物理学家。

勇于承认错误的科学家

每个人都有犯错的时候。犯错并不可怕,可怕的是犯错之后不敢承认错误。爱因斯坦被公认为人类历史上最具创造性的人物之一,他也有犯错的时候,但是他在犯错之后勇于承认,绝不撒谎。

事情发生在他创立广义相对论的第二年。为了解释宇宙的稳恒态性问题,他曾和荷兰物理学家德西特一起从事这个问题的研究工作。德西特认为引力场方程的宇宙解是动态的,而爱因斯坦偏偏认为其是静态的。两人都坚持自己的观点,谁也不肯让步,各自拿出计算方式证明自己的观点。不久,另外两位科学家论证了这个问题的答案是动态的,而非静态的。可是出于物理直觉,加上数学运算的失误,爱因斯坦仍然坚持自己的观点——静态宇宙的概念。

两年后,大名鼎鼎的美国天文学家哈勃发现远距恒星发出的光谱线有红移现象,说明了恒星在远离地球而去。这一现象支持了宇宙的动态理论,彻底改变了爱因斯坦对宇宙的固执看法。

人们知道这件事之后,都认为爱因斯坦碍于面子而不会承认错误。但出乎所有人的意料,爱因斯坦把坚持静态宇宙模型的失误称为他一生中最大的错事,还向其他物理学家公开道歉。他敢于承认错误的行为受到了人们的赞扬:错误人人都会犯,但是犯了错能勇于承认的人不多,况且他还是一个名人,这样的行为真不容易。自此之后,人们对爱因斯坦更加崇敬,觉得他不但是一个智商超群的人,而且是一个诚实勇敢的人。

阅读思考

1. 为什么爱因斯坦犯了错误,人们反而更加尊敬和推崇他呢?
2. 利用课余时间再找一位实事求是、尊重科学的名人,与你的老师、同学交流分享。

我 想 说

（张葛依）

实事求是讲诚信之五——彭湃

　　同学们,你们知道这本《海陆丰农民运动》封面上的人物是谁吗?他就是农民运动的发起人,原名彭汉育。这位无产阶级革命家出生于1896

年 10 月 22 日,广东海丰人,但 33 岁就英年早逝了。

1927 年,他改名为彭湃,并领导了广东省的农民武装起义。他是一名知识分子,他撰写的《海陆丰农民运动》一书是农民运动者的必读书,对当时正在蓬勃开展的全国农民运动有着重要的指导作用,为后来大规模的农民运动播下了革命的种子,提供了非常宝贵的经验。他被称为"农民运动大王""中国农民运动的领袖"。2009 年 9 月 10 日,彭湃被评为"100 位为新中国成立做出突出贡献的英雄模范人物"。民俗学家钟敬文早年在一篇回忆彭湃的文章里称彭湃是"一个生死于理想的人,他靠理想活着、工作着,最后也为理想欣然死去"。

 图片故事

(绘图:赵玲利)

不食偷来榴

彭湃从小品学兼优,为人诚实。一个周五,放学后一些同学一起结伴回家,经过一个庭院,有个同学惊喜地发现院子中的石榴树上挂着很多又红又大的石榴。大家馋得口水都快流出来了,看着石榴,谁都不肯走。

这时候,一些稍大的同学让稍小的同学踩着他们的肩膀,爬上围墙,给每人摘了一个大石榴。彭湃正好走来,他看到此情此景后大声说:"不行,这不是我们的东西,不告而拿是为偷,我们不能这样做。"那些同学假装没听到,掰开石榴,津津有味地吃了起来,还不时发出声音:"好吃,好甜好甜哦!"

彭湃生气地说:"你们偷别人家的石榴,被你们的妈妈知道了,肯定要挨揍!"

稍大的同学说:"不告诉妈妈不就行了吗?你这么聪明的人难道这么不灵活啊?"大家听了哈哈大笑起来。

彭湃的妈妈是一个很正直的普通农村妇女,为了教育好儿子,她隔几天就会问一问儿子:"这几天你都做了些什么事?"彭湃总是如实回答,从没说过谎。妈妈在了解事情后帮助他分析哪些是好的……

一回到家,还不等妈妈问起今天发生的事情,彭湃就主动把事情一五一十地说了出来,并且生气地说:"他们不但偷东西,而且还不诚实。"

妈妈被澎湃认真的样子逗笑了,说:"难道你不想吃石榴吗?"彭湃想都没想就回答道:"那是偷来的,我不想吃。如果我这样做了,您会生气的。"妈妈听了感到十分欣慰,夸奖彭湃:"很好,做人不能失去诚信,不能失去本心。就冲着你的诚实,妈妈奖励你钱,自己去买石榴吃吧!"

彭湃接过钱,蹦蹦跳跳地跑去买石榴了。

阅读思考

1. 如果你是故事中的彭湃,你会接过同学递给自己的石榴吗?为什么?

2. 你喜欢故事中彭湃妈妈的教育方式吗?她培养了孩子怎样的品质?

我 想 说

(张葛依)

实事求是讲诚信之六——钱学森

（绘图：赵玲利）

对我们来说，钱学森的名字可以说是家喻户晓。但你对他的事迹了解多少呢？这里，就让我们一起好好认识这位享誉海内外的杰出科学家吧！

钱学森出生于上海，祖籍浙江杭州。他是中国航天事业奠基人，中国科学院及中国工程院院士，中国两弹一星功勋奖章获得者之一，被誉为"中国航天之父""中国导弹之父""中国自动化控制之父"和"火箭之王"。

1949年中华人民共和国成立之际,无数优秀人才放弃了国外的安稳生活和丰厚待遇,毅然回国,就是为了让中国人能堂堂正正站起来。钱学森便是其中一员。由于钱学森等优秀人才回国效力,中国导弹、原子弹的研制成功向前推进了至少20年。

"一个人要能为人民做点事,就要实事求是地对待自己和实事求是地对待客观世界。"钱学森就是这样一位实事求是、讲诚信的人,他为中国的两弹一星事业做出了巨大的贡献,也为国家培养和造就了一大批科技人才。

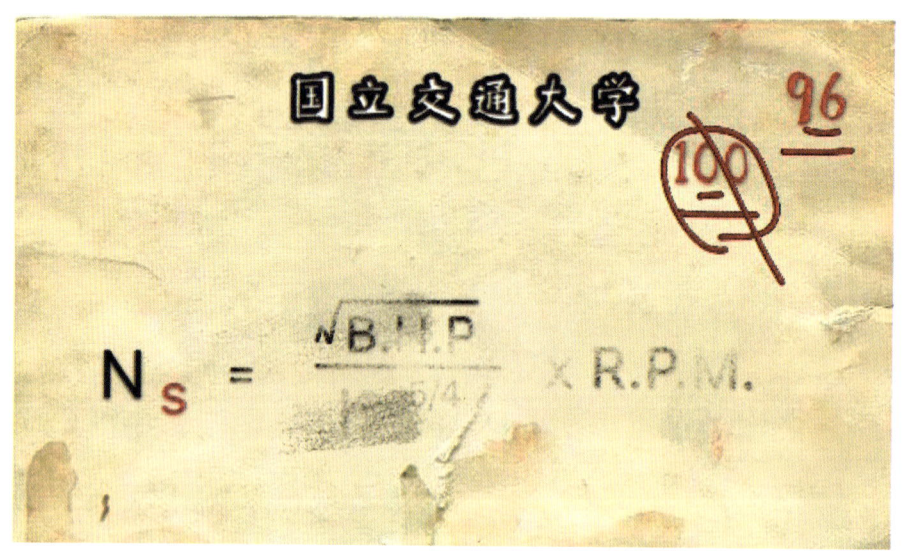

(绘图:赵玲利)

诚信贵如金

故事发生在1933年,22岁的钱学森在国立交通大学机械系读三年级,是一名成绩优异的好学生。在一次水力学考试中,钱学森很轻松地完成了所有题目并提交了试卷。水力学老师金悫教授在批改钱学森的试卷时,看着字迹端正且答案全部正确的试卷,十分舒心,在试卷上全都满意地打上了对勾,并给了他一个大大的100分。当卷子发到钱学森手上时,钱学森却发现了一个不起眼的错误:在公式推导的最后一步,因粗心大意,不小心将"Ns"写成了"N",而金教授在批改时没有发现这个小小的错误。钱学森发现错误后没有丝毫犹豫,当即举手,并拿着卷子向老师指出自己的错误。金教授一看,果然这个小错误被忽略了。金教授说:"好的,既然你发现了这个小小的错误,改过来就行了。"但钱学森却坚持把卷子退给老师要求扣分,他对金教授说:"这可不行,我应该实事求是,这个100分本来就不属于我。"听了钱学森的话,金教授拿起笔在钱学森的试卷上扣了4分,给了钱学森96分。

钱学森的诚信令金教授非常感动,这份考卷被金教授完好无损地保存了下来。不曾想到几十年后,钱学森成为世界闻名的科学家,这份考卷成了一份珍贵的历史资料。这份试卷体现了一个伟大科学家在学生时代就具有的科学品德和精神,即实事求是,对就是对,错就是错。这种精神贯穿在钱学森的科学生涯之中。对钱学森来说,实事求是的精神比金子还宝贵。

阅读思考

1. 你喜欢钱学森这位科学家吗?为什么?
2. 你身边发生过类似的事吗?如果是你,你会怎么做?

我 想 说

（张葛依）

说到做到守诚信之一——曾子

同学们,图片中的人物便是春秋末期鲁国有名的思想家曾子。他姓曾,名参,字子舆,生于公元前505年。他是儒家学派创始人孔子的弟子。相信大家对孔子一定非常熟悉,孔子开创了私人讲学之风,倡导仁义礼智信。作为其弟子的曾子在儒学发展史上占有重要的地位,他积极推行儒

家主张,传播儒家思想。曾子曰:"君子立孝,其忠之用,礼之贵。"这正是对儒家思想的传播。

　　幼年的曾子常常随着父亲学诗书,还有"伏案苦读"之说。曾子创作《大学》,开宗明义地提出了三纲领(明明德、亲民、止于至善)、八条目(格物、致知、诚意、正心、修身、齐家、治国、平天下)。而所有著作中,诚信这个词是曾子思想的核心。曾子的诚信思想可分为家庭、朋友、社会、自修四个层次。

 图片故事

(绘图:秦宇明)

曾 子 杀 猪

　　一个晴朗的早晨,曾子的妻子准备去集市买一些日用品。年幼的儿子一直缠着母亲不放,哭着吵着要跟随母亲一起去集市玩。曾子的妻子觉得带着儿子去集市不方便,骗他说:"孩子,你先回家,等我从集市上回来了给你杀猪吃。"儿子一听,高兴地点头,不再缠着母亲,心里想着:等等就有肉吃啦!

大半天过去了,好不容易母亲回来了,儿子心里甭提有多高兴了,期待着母亲能够快快杀猪给自己吃。可是曾子的妻子当时只是随口说说,根本就没放心上,早把此事忘得一干二净。儿子见母亲迟迟不动手杀猪,便"哇"地放声大哭起来。曾子听到哭声,急忙上前询问怎么回事,儿子哭着将事情一五一十地告诉了父亲。

曾子知道事情的真相后,二话不说提起刀直奔猪圈。

这可把妻子急坏了:"你拿着刀干什么呀?难道真的去杀猪啊?你疯了吧。"曾子严肃地说:"你不是答应了儿子,从集市回来后杀猪给他吃吗?"

妻子一把拦下曾子说:"我只是骗骗孩子的,你何必当真呢?"

曾子一本正经地说:"你既然答应了孩子,就要说到做到,难道你想让孩子学会撒谎吗?教孩子做人,你先要树立良好的榜样。大人说话都不算话,以后还有什么资格去教育孩子呢?今天你在儿子面前言而无信,明天儿子就不会再相信你了。"

妻子听了丈夫的话,脸都红了,觉得很有道理。杀猪是一件小事,但是万万不可让儿子变得不诚实啊!于是,她同曾子一起杀猪,给儿子做了一顿丰盛美味的晚餐。

1. 你赞同曾子杀猪的行为吗?这个故事给你什么启示?

2. 你的父母教育你时是否也做到了言而有信、诚实无诈?跟大家分享一个具体的事例。

我 想 说

（张葛依）

说到做到守诚信之二——商鞅

　　同学们,图中这位手握竹简、眺望远方的人,你们知道他是谁吗? 对,他就是大名鼎鼎的商鞅。商鞅是战国时期非常有名的人物,他是政治家、改革家、思想家、军事家,是先秦法家的代表人物。他的原名叫公孙鞅,后来因为帮助秦国君主秦孝公实现了秦国的改革,被秦孝公封赏,赐名商君,因此后人喜欢称他为商鞅。

　　当年,为了使秦国更加强大,商鞅帮助秦孝公实施改革变法。他改革了户籍、爵位以及度量衡,更为秦国制定了很多的法律法规。经济上,他提出以重农抑商为主体的主张;军事上,他带领秦国军队收复了西部江山……

如此了不起的人物,在历史上也留下了很多动人的故事。

 图片故事

(绘图:朱燕苹)

立木取信

2 000多年前,一个叫公孙鞅的卫国贵族来到了秦国。他听说秦孝公正在礼贤下士、广招人才,因此毛遂自荐,去见了秦孝公。秦孝公问他:"我怎么才能把国家治理得更好、更强大?"公孙鞅想了想,对秦孝公说:

"首先要有严格的赏罚制度,这样才能让别人信服,维护自己的信誉,才能让更多的人才来投靠。"秦孝公一听,觉得很有道理,就把这件事交给公孙鞅来办。

公孙鞅认为要建立完整的赏罚制度,先要立信。那就先从这一步开始,让全国人民都知道秦国是非常讲信用的。

一天早上,百姓突然看到南城门的门口竖立了一根木头,木头的边上立了一块牌子,上面写着:无论是谁,只要把这根木头搬到北门口的公孙鞅面前,就给他十两黄金!

起初,所有看过的人都认为这是一个恶作剧:谁会为搬根木头付这么多钱?而且木头还这么重,与其花这么大的力气搬根木头到城池的另一头,最后还拿不到钱,甚至被取笑,还不如回家干点别的事。因此,一连几天都没人去搬木头。

过了一个月,木头旁牌子上的赏金变成了五十两黄金。这时,一个穷困潦倒的大汉想:我去试试看吧,说不定还真能拿到钱。于是,大汉不顾周围人的劝告,扛起木头慢慢地走到了北门口公孙鞅的面前。

公孙鞅当即拿出五十两黄金给了大汉。大汉一脸惊讶,说道:"你真的给呀!"公孙鞅说道:"我是一个说到做到的人,绝不会欺骗你们。"这时秦国百姓才开始真的相信公孙鞅是一个一诺千金的人。渐渐地,公孙鞅的名声传遍了秦国。大家一提起公孙鞅,就称赞他是一个言而有信的人。

阅读思考

1. 商鞅立木赏金,给他带来了什么好处?

2. "信"对一个国家的兴衰存亡起着非常重要的作用。如果失信,会造成怎样的后果呢?请你简单谈一谈。

我 想 说

（张葛依）

说到做到守诚信之三——宋濂

　　同学们,什么样的人才能被称为神童呢?神童在字典中的意思是特别聪明的儿童。今天,我们就去认识一位神童——宋濂。

　　宋濂出生于1310年,字景濂,号潜溪,别号玄真子。虽自幼多病且家境贫寒,但他聪敏好学、智慧超群,是大家交口称赞的神童。宋濂是元末明初著名的政治家、文学家、史学家、思想家,他守信好学,一生勤学不辍,在当时的文学圈中很少有文人能与其比肩。后人将他与高启、刘基并称为"明初诗文三大家"。宋濂的代表作品有《送东阳马生序》《吴起守信》等。

　　宋濂是明初第一文臣,曾被明太祖朱元璋誉为"开国文臣之首",这都与他勤奋刻苦、诚实守信的好品质分不开。

诚信好学的宋濂

宋濂从小勤奋刻苦,十分喜欢读书。当时他的家里很贫穷,父母根本没有钱给他买书看,他只好一次次向别人借书读。他每次向别人借书时,都会约定好还书的期限,到了时间一定按时还书,从不违约,所以人们都很愿意把书借给他看。

记得有一次,他向朋友借到了一本他很爱看的书,于是决定把书抄下来。还书的期限快到了,书还没有抄完。为了抓紧时间,他只好连夜抄书。当时正值寒冬腊月,外面北风狂呼,以致砚台里的墨都冻成了冰,家中无火取暖,宋濂的手指被冻得无法屈伸。但宋濂根本不在意这些,咬咬牙,仍然坚持抄书。母亲看到这一幕,心疼地说:"孩子,天这么冷,等天亮再抄也不迟啊!"宋濂头也不抬,严肃地说:"娘,我已经答应了别人明天归还书,不能耽误时间。"母亲说:"你和人家说明一下原因,偶尔一次,对方一定能理解。"宋濂固执地说:"说好了期限,就没有理由拖延。到期限就要还,这是信用问题,如果有一次不守信用,那么下一次自己也会找借口。

我经常说话不算话,别人还怎么相信我?"母亲在一旁听了,不再出声,默默陪着他抄书。

还有一次,宋濂与一位老师约好了时间上门请教问题,可没想到出发当天下起了鹅毛大雪。当宋濂准备上路时,母亲惊讶地说:"这样的天气怎能出远门呀?路途那么远,你在开玩笑吗?"宋濂转身对母亲说:"娘,不管下多大的雪,我都得上路,这是我和老师约定好的,不能失约。"当宋濂到达老师家里时,老师看着宋濂单薄的身子,感动地称赞道:"年轻人,守信好学,将来必有出息!"

阅读思考

1. 文章是通过哪两件事情来体现宋濂诚信好学的?

2. 你还知道哪些诚信好学的故事?利用课余时间和你的老师、同学交流分享。

我 想 说

(张葛依)

寻迹诚信：诚信知识知多少

说到做到守诚信之四——卖火柴的小男孩

（绘图：赵玲利）

 图片介绍

看！上图中的小男孩双手牢牢捧着一大盒的火柴，眉头紧锁，一副心事重重的模样。你知道他是谁吗？他就是英国著名作家迪安·斯坦雷作

品《卖火柴的小男孩》中的主人公——小珊迪。

从图片中我们不难看出,小珊迪还是一个孩子。年幼的他失去了父母,家中还有一个更年幼的弟弟需要他来照顾。没有成年的小珊迪没有办法做成年人的工作,只能靠着卖火柴获得微薄的收入,以此养活自己和弟弟。故事中,小珊迪善良、诚实,在自己身受重伤的情况下还不忘叮嘱弟弟将换来的零钱还给那位买火柴的绅士。

虽然小珊迪是作家虚构的人物,但是发生在小珊迪身上的故事却是作家亲身经历过的,那个诚实、善良的孩子深深打动了作家。

 图片故事

(绘图:赵玲利)

卖火柴的小男孩

圣诞节夜晚的大街上灯火通明,街边橱窗里摆着各式各样美丽的圣诞树,树上挂着的小铃铛发出"叮当、叮当"悦耳的声音,小朋友们手上都拎着精美的礼物,嘴里哼着快乐的小曲……一切都是那么美好。

一个矮小瘦弱、衣着破烂的小男孩蜷缩着身子,怀里紧紧抱着一包火柴,躲在街角转弯处的角落里,没有人发现他……这时,一位西装笔挺的绅士正好路过。小男孩勇敢地走上前去,拦住了那位绅士。他试探着问:"先生,要……要买火柴吗?"

"不需要,谢谢。"绅士摆摆手,没有停下脚步。

"先生,您就买一盒吧。"可怜的小男孩一边紧跟着绅士,一边不停地恳求他买些火柴,"先生,买几根也行,求求您了。"

绅士继续往前走,说:"不好意思,我不需要火柴,而且我也没有零钱。"

"先生,我去给您换零钱,火柴您先拿着。"绅士拗不过小男孩的坚持,只好答应买一盒。小男孩拿着绅士给他的一英镑,一转身就消失在了人群中。后来绅士等了很久,也没见小男孩回来,只好先回家了。

第二天,有个更瘦小,穿着也很破烂的小男孩找到了绅士,原来他是小男孩的弟弟。绅士万万没想到,小男孩的弟弟是给他送零钱来了。

"先生,不好意思,零钱送晚了,昨天在换完零钱回来找您的路上,我哥哥被马车撞成了重伤,现在在家躺着不能下床。他说不能将零钱还给您很遗憾,要求我一定找到您。"

绅士听了小男孩的弟弟的话,心情十分沉重,拉起小男孩的弟弟就往外走,想去看看小男孩的情况。走进小男孩家,一张小小的床上躺着瘦弱的小男孩。此时的他一动也不能动,看到绅士来了,挣扎着撑起身子说:"对不起,我没有按时把零钱给您送回去,失信了!"绅士上前拉着小男孩的手,不知道说什么好,心里很难过。

绅士被小男孩诚实、善良的品质深深打动了。在小男孩死后,绅士将他的弟弟收养在了身边。

阅读思考

1. 看到小男孩拿着一英镑走后没有回来,绅士心里会想些什么?

2. 从卖火柴的小男孩身上你学到了什么？想一想：你该如何信守对他人的承诺？

我 想 说

（张葛依）

说到做到守诚信之五——季羡林

同学们,你们读过《清华园日记》《岁月不曾忘记》《人生何处不欢喜》这三本书吗?它们的作者就是大名鼎鼎的文学家——季羡林。

季羡林,1911年出生,山东临清人。他温文尔雅、知书达理,精通各国语言,还曾留学于国外。他的学术领域极其广泛,他既是语言学家,也是文学家、国学家、史学家……可谓知识渊博的才子。

季羡林高中毕业后同时考取了清华大学和北京大学,后来进入了清华大学西洋文学系。在大学四年中,他刻苦钻研,品学兼优,发表散文十余篇。1946年留学归国后,他受聘为北京大学教授兼东方语言文学系主任。在学校里,人们总能看到他忙忙碌碌的身影。留学归国后,他着重研究佛教史和中印文化关系史,发表了一系列高水平的学术论文。季羡林为人善良、诚实,是许多学子心中最敬爱的教授。

 图片故事

守诺的温暖

季羡林留学归国后,被聘为北京大学教授,因为季羡林为人善良、诚实、随和,所以学生们对这位教授充满敬佩之情。有这样一个感人的故事在北京大学的校园里流传了几十年。

20世纪70年代,一位大学生兴高采烈地来到北京大学报到。人生

地不熟的他拖着重重的行李,报到、领证、领饭票……办理事务时,因拖着重箱子,一点也不方便。恰巧对面走来了一位老人,这名大学生上前打招呼:"老师傅,您帮我看一下行李,我办完报到事务就回来,行吗?"老人想都没想,一口答应了。

新生东奔西走,忙里忙外,时间过得真快,待一切忙完已经是正午了。他突然想起自己的行李还在校门口让老人看着呢,于是撒腿就向校门口跑去,边跑边想:老人还会在校门口等着吗?唉,这么热的天,时间过去那么久,老人应该不在那里了吧。一路狂奔过去,只见烈日下,老人正眯着眼照看着地上的行李。一股暖流涌上新生的心头,他对老人万分感谢:"老师傅,真没想到您还在这等我,真是太感谢您了!"老人笑着说道:"既然答应帮你照看行李,就一定要给你看好。你不来我怎么能离开呢?做人要讲信用啊!"说罢,老人消失在人群中。

第二天开学典礼,这位新生发现,昨天帮他看管行李的那位老人竟坐在主席台上,这才知道那位老者原来就是著名学者、北京大学副校长季羡林老先生啊!

1. 你喜欢这个故事中的季羡林老先生吗?请说说理由。

2. 在生活中,你有过答应别人的事就一定要做到的事例吗?请分享一则故事。

我 想 说

（张葛依）

忠厚不欺扬诚信之一——三槐王氏

（绘图：朱燕苹）

同学们,图片里的这个地方叫三槐堂,也叫王氏三槐堂。这里是王氏的宗祠,而三槐王氏是当今王氏中最大的一支,闻名天下,枝繁叶茂。

据史料记载,周代皇宫外种着三棵槐树,每天早晨文武百官朝见天子的时候,官位最高的三个人是面对着这三棵槐树站立的。所以,从周代到宋代,"三槐"指的就是官位最高的三个人。但随着宋代王祜亲手种植三棵槐树的故事的流传,"三槐"逐渐成为王姓的代称。历史上三槐王氏的发源地在当今的山东省聊城市莘县莘城镇群贤堡村。

作为王氏宗祠的三槐堂,已成为历史文化遗产,具有重要的开发价值。今天,就让我们走进三槐堂,去看看这一王氏望族在中国历史上重要的地位是如何来的。

 图片故事

忠厚传家远

宋朝大文学家苏轼曾写过一篇脍炙人口的文章《三槐堂铭》,记述了三槐王氏一门忠厚仁恕的浩然正气。王氏先祖王祐,出生官宦之家,其祖父和父亲都曾担任官职,一生忠厚勤勉、廉洁奉公。王祐少年时就才华横溢,因此很顺利地步入仕途。因为他有才干且品行端正、忠厚孝顺,所以被世人所称赞,大家都希望他能升任宰相。但他秉性耿直,官场上有些人想方设法排挤他,使得他没有得到重用。

到了晚年的时候,王祐将治国平天下的心愿寄托在子孙后代身上,他在家中庭院里种下三棵槐树,说道:"我们家的后代中一定会有人位列三公(官位最高的三个人),这三棵槐树可以作证。"

果然,他的预言成了现实。他的第二个儿子王旦当了宰相,被人称为"太平良相"。

作为宰相,同时也是王氏家族的长者,王旦一直对自己严格,对他人宽厚。王氏族人很多,但王旦坚持亲属子弟要避嫌,不能在朝廷担任重要职位。王旦一生清正廉洁,除了皇帝的赏赐,他从来没有收过任何人的馈赠。王旦住的地方极其简陋,皇帝看到他的家,曾提出要帮他建新房子,都被他

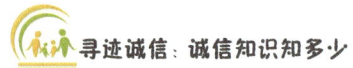

推辞了。别人问他为什么不买田,好留些家产给子孙。他说子孙应自立自强,如果给他们留下田宅,就是要让他们争家产。王旦还要求后代每六十年修一次家谱,在家谱中记录王氏忠厚仁恕的家风,以此来激励后人。

为了传承好王氏忠厚仁恕的家风家训,王旦的孙子特意请了苏轼撰写《三槐堂铭》,以此勉励后人效仿祖先的美好德行。王氏的后人也一直秉持着忠厚仁恕的精神。在整个宋代的历史上,三槐王氏家族几乎代代有人在朝廷为官。

 **阅读思考**

1. 读了这则故事,你认为"三槐"是什么?
2. 你家有家训吗?家训是什么?和同学们交流一下。

我 想 说

(孙颖佳)

忠厚不欺扬诚信之二——郭伋

（绘图：秦宇明）

同学们,图片中的人物是东汉时期的一名官员——郭伋。下面,就让我们一起来认识一下这位忠厚守信的好官吧!

郭伋,字细侯,扶风茂陵(今属陕西)人。他从小便胸怀大志,刻苦学习,从一名小吏逐渐晋升为并州(今山西)刺史。在汉哀帝和汉平帝时期,他曾在大司空府(主管国家建筑工程的机构)任职,后升职,担任渔阳都尉。当时社会十分动荡,匈奴多次侵扰边境。看到这一情况,郭伋整顿兵马,设计好攻守策略,最终使匈奴害怕,不敢再入侵,百姓也得以安居乐业。郭伋对待百姓就是这样广结恩德,言出必行。

在数十年的为官生涯中,郭伋奉公守法,执法严明。只要是他当官的地方,他都会对百姓问疾问苦,了解百姓的需求。他还常常邀请德才兼备的人参与处理政务。因此,百姓们称他为"贤明太守"。

郭伋不失信于童

郭伋为人忠厚、信守诺言,哪怕是面对小孩,也同样信守承诺。

有一天,郭伋准备到新的工作地点巡查工作。来到西河郡美稷县时,看到有很多小孩聚在一起,每个人都骑着一根竹竿做的"马",在马路边行礼迎接他。郭伋就问孩子们:"你们为什么要从那么远的地方赶来?"孩子们回答:"我们知道您为人很好,能让我们过上好日子。听说您要来我们这里做父母官,我们都很高兴,所以早早到这里来欢迎您。"郭伋非常感动,道谢之后,便告别孩子们继续巡查去了。等郭伋办完事,孩子们又在城门外送别郭伋,并异口同声地问:"您哪一天会回来?"郭伋让手下的人算了一下日程,便告诉孩子们他的返程日期。由于巡查工作非常顺利,郭伋比之前告诉孩子们的返程日期早了一天。他害怕早回去,孩子们等不到他会伤心难过,所以他决定在离城门还有一段距离的野亭里住了一晚,等到和孩子们约定的那一天才进城与孩子们相见。到了约定的这天,郭伋骑着马往回走。刚到城门口,郭伋果然看见那些孩子们都在路上欢迎他。

当知道郭伋为了遵守和孩子们约定的时间竟然在城门外的野亭里露宿一晚时,百姓们非常感动,连连称赞,更加钦佩他的忠厚诚信风范。

郭伋做人就是这样忠厚诚信、童叟无欺。

1. 如果你是郭伋,你会在野外亭子里住一晚,等到约定的日期再进城吗?

2. 郭伋在汉代以贤良著称,"郭伋不失信于童"的故事更被传为美谈。你还知道哪些古代名人以诚信出名吗?和同学们交流一下。

我 想 说

(孙颖佳)

忠厚不欺扬诚信之三——晏殊

同学们,你们认识图片中的人物吗?"无可奈何花落去,似曾相识燕归来。"他就是著名的宋代婉约派词人晏殊。晏殊自幼聪慧,年少好学,晚年仍孜孜不倦地学习。他能诗善词,在文学上颇有成就;他性格刚毅直率,生活简朴。他多次做官,百姓对他急躁的性格很害怕,但他也很善于了解别人,不愿和别人争荣誉。

晏殊为官时正值太平盛世,天下无事。皇上允许官员们自己选择有美景的地方宴饮,但晏殊闭门读书。因为他的谨慎忠厚,皇上选中他教太子读书。晏殊上任后,皇上告诉了他任命他的原因。晏殊语言质朴地说:"我不是不喜欢宴游玩乐,只是家里穷,没钱出去。"皇上听完后,更欣赏他的诚实。

从北宋到明朝,晏氏一族名家辈出,他们几乎都信守诚信美德。

 图片故事

晏殊诚实应殿试

晏殊出生于北宋初年,从小聪明好学,刚满5岁就会创作诗文,被同乡人称为神童。他所在地方的官员曾以神童的身份推荐他参加考试。到14岁时,晏殊又因才华出众,破例参加当时最高级别的考试——殿试。

考试开始了,考场内鸦雀无声。主考官当众大声宣读考题,考生们都想着能够一展平时所学,写出一篇好文章,获得考官青睐。考题宣读完毕,考生们不约而同地低下头冥思苦想起来:写什么内容适合?如何接题、承题?就在这个时候,年轻的晏殊却放下笔站起来,走到皇帝面前跪下。皇帝一脸诧异地问:"这位学子,你有何事?难道是考题太难了,你想退出离开?"晏殊连忙摇头,从容地回禀:"陛下,不是我做不出来,而是我十天前写的文章恰巧就是今天考试的题目。"晏殊的话,让考场内所有人

面面相觑,心里不禁纳闷:这个傻子,哪个考生不希望考题是自己以前写过的?写过的题目不是正好可以得高分嘛!晏殊见大家满脸疑惑,便十分流利地背起了自己之前写的文章,果然文采出众。皇帝听了非常高兴,认为他小小年纪不仅文章写得好,为人还忠厚诚实,尤为可贵。晏殊请求皇帝另出考题,皇帝微笑着说:"不必了,你被录取了。"

晏殊立即被赐为进士,后被封为翰林院学士。晏殊学习勤奋,交友持重诚实。宋仁宗继位后,他依然得到了重用。

1. 读了晏殊的故事,请想一想你身边发生过与故事中类似的事吗?如果是你,你会怎么做?

2. 请同学们学一首晏殊的词,感受他忠厚不欺的品质。

我 想 说

(孙颖佳)

忠厚不欺扬诚信之四——胡雪岩

同学们,图片中的人物是近代著名的红顶商人、徽商代表人物胡雪岩,是一位白手起家的大慈善家。

胡雪岩本名胡光墉,字雪岩,出生于安徽绩溪,13岁时移居浙江杭州。他凭借自己卓越的商业才能,在上海筹办私人钱庄,后在全国设立

"阜康"钱庄分号,被人们称为"活财神"。他还在杭州创立了胡庆余堂中药店,制"避瘟丹""行军散""八宝丹"提供给当时的军队和百姓,他所创立的胡庆余堂中药店到现在还在经营传承,因此他也赢得了"江南药王"的美誉。

"凡是经商都不可以欺骗,医药行业关系着人的性命,更不可以欺骗。"胡雪岩不仅用这句话教育员工将顾客当作衣食父母,他自己也是一位讲诚信、为百姓着想的商人。

图片故事

诚信如舟行天下

1823年,胡雪岩出生于安徽一个小村落。他小时候,家境十分贫困,通过帮别人放牛来赚钱生活。有一次在放牛的路上,胡雪岩路过一个亭子,他发现亭子里有一个包裹,打开发现包裹里全是金银珠宝。胡雪岩心想:丢了东西的人一定很着急,我还是在这儿等等他吧。胡雪岩从没想过把东西占为己有,而是在亭子里一直等着,这样诚实的品质也预示着这个孩子将来不平凡。到了晚上,失主来了,看到原封不动的包裹,连声道谢。在得知胡雪岩家境贫困后,他把胡雪岩带到自己的杂粮店工作。就这样,胡雪岩从一个乡下放牛娃变成了学徒。

胡雪岩功成名就之后未忘记他的发迹之地——杭州,为杭州百姓做了许多义举。他开设钱塘江义渡,并设船,为候渡乘客提供方便,因此获得了"胡大善人"的美名。他还热心于慈善事业,多次向涝旱地区捐款捐物。到清光绪四年(1878年),除了捐运给西征军的药材,他还向各地捐赠了约20万两白银。他会亲自验收每批药材,也会查看每次的捐款,确保上下一致,没有任何欺骗。

胡雪岩不仅自己做到了忠厚不欺,他还告诫店员:作为胡余庆堂的一员,一定要"戒欺"。在这种忠厚不欺的道德指引下,"采办务真,修制务真"自然成了胡雪岩经营胡庆余堂的基本要求。

智信仁勇,胡雪岩堪称创业者的典范。

阅读思考

1. 读了这个故事,你知道胡雪岩为什么要倡导"戒欺"吗?

2. "戒欺"也值得我们学习。我们在生活的哪些方面需要"戒欺"?和同学们交流一下。

我想说

（孙颖佳）

忠厚不欺扬诚信之五——李苦禅

同学们,这些画作是中国近代大写意花鸟画宗师李苦禅的作品。

李苦禅原名李英杰,说起李苦禅这个名字,还有一段故事。在考入国立北京美术学校后,李苦禅每天晚上还要出去拉人力车来维持生活。他的同学林一尽看到他的困境后,赠他"苦禅"二字。"苦"取自佛门四谛之第一字,"禅"指李苦禅擅长的大写意画。

李苦禅出身贫寒,但从小受到家乡传统文化熏陶的他凭借自己的绘

画天赋及勤学苦练,走上了艺术创作之路。1923年,李苦禅拜齐白石为师。李苦禅擅长画花鸟和鹰,晚年的他还经常画巨幅通屏。

"人,必先有人格,然后才有画格;人无品格,下笔无方。"这是李苦禅教育儿子李燕的话。

李苦禅就是这样一位忠厚、品格高尚的艺术家、美术教育家。

(绘图:秦宇明)

诚信是交友之源

中国写意花鸟大师李苦禅曾为了朋友亲手烧过自己的画。你知道这是怎么回事吗?

一天,李苦禅正在家里忙着作画,一位认识许久的朋友突然来访。李苦禅赶紧放下画笔,奉上清茶,两人聊得热火朝天。在离去时,朋友说:"不瞒你说,我是来求画的,不过我看你这么辛苦地画画,想着向你求画的人肯定很多,实在难以启齿……"没有等朋友说完,李苦禅就爽朗地笑了:"老兄何必客气,以我俩的交情,一幅画算什么? 不日即可奉上,还请老兄多指教!"老友高兴地连声道谢,挥手告别。

可由于李苦禅的名气很大,事情太多,老友求画的事情一直都没完成。有一天,这个朋友的儿子突然登门,手臂上戴着黑纱,泪流满面地将他的父亲去世的噩耗告诉李苦禅。李苦禅惊得跌在椅子里,想到老友求画的事还没有完成。悲伤中,李苦禅满怀愧疚。答应了别人的事还没完成,如今那个人已经去世,自己怎么能安心? 这天晚上,李苦禅铺纸研墨,整整画了一百枝莲花。画完,他题上跋款,盖上平时自己最喜爱的印章。之后,李苦禅拿着画来到后院,满上酒,点上香,洒一杯酒在地,对天祭拜。拜完后,他把精心绘制的画烧了。

李苦禅的举动惊动了儿子,儿子非常不理解:"您的朋友已经去世了,你画了画给他,他也不会知道啊!"李苦禅严肃地回答:"应人之事,岂可食言? 哪怕老友走了,他无法知道,可是我心有知。"

在李苦禅看来,诚信能超越时空与生死的界限,应之于心,遵之于心。

1. 读了这个故事,你知道交朋友最重要的是什么吗?

2. 你平时是怎么交朋友的? 读了这个故事之后,你在交朋友时会有什么改变吗?

我 想 说

(孙颖佳)

忠厚不欺扬诚信之六——李晓龙

企业文化

国仁愿景：国仁健康 健康国人
国仁使命：传播养生健康多 倡导国人健康生活
国仁目标：成为中国一流的健康产业公司
国仁精神：专业务实 守信向善

（绘图：赵玲利）

同学们，图片中展示的是陕西国仁健康药业有限公司的企业文化。"以忠厚为本，以诚信立足"，这种略显中庸的处世之道似乎与风起云涌的商场格格不入，但正是这样的企业文化让这个民营企业成了秦汉新城健康产业的领头羊。让我们一同走近陕西国仁健康药业有限公司。

李晓龙，陕西国仁健康药业有限公司总经理，高中未毕业的他很早就外出打工赚钱，在各行各业摸爬滚打两年后，开始做自己的产业。李晓龙是个执着的人，虽说出于机缘巧合选择了健康产业，但他说既然选择了健康产业，就要干一辈子。恪守着秦商的纯与真，李晓龙的企业以自己固有

的姿态在市场中稳健发展。

 图片故事

（绘图：赵玲利）

诚实不欺的秦商

由于家庭较为贫困，李晓龙很小就外出打工挣钱，补贴家用。他做过很多工作，但都不太赚钱。于是，他开始思考，怎样才能赚更多的钱。

2000年，保健品行业刚刚兴起，李晓龙看到了商机。作为一名秦商，李晓龙坚持实事求是、不虚假宣传、不投机取巧。在他的带领下，2017年陕西国仁健康药业有限公司的营业额约为1 200万元。

李晓龙在大力发展公司的同时，也不忘回馈社会。2017年，国仁健康药业有限公司与绿瘦集团一起给旬邑一所小学捐了100万元。当别人提到这件事时,李晓龙总经理摆摆手,说:"我习惯只做不说,现在工作比较顺利,就想给家乡做点事情。"与有些只说不做的商人相比,李晓龙说到做到,绝不弄虚作假。2020年新冠肺炎疫情袭来,口罩、消毒用品奇缺,李晓龙第一时间向陕西新城疫情防控指挥部捐赠84消毒液20桶、电动喷雾器10台。他说虽然疫情对企业影响很大,但自己仍希望能贡献一份力量,祝愿疫情早日结束。

明代宋应星在《野议·盐政议》中论述:"商之有本者,大抵属秦、晋与徽郡三方之人。"陕西作为中国经济制度早期实践地之一,忠厚为本、诚实不欺、不尚空言是秦商的本色。

阅读思考

1. 通过本次阅读,你觉得陕西国仁健康药业有限公司成功的原因是什么?

2. 你身边有这样忠厚为本、诚实不欺的店主吗?可以向我们介绍一下吗?

我 想 说

(孙颖佳)

第三章

格言俗语蕴诚信之一——君子一言

（绘图：赵玲利）

"君子一言，快马一鞭"出自宋朝释道原编著的《景德传灯录》一书。"快马一鞭，快人一言。有事何不出头来，无事各自珍重。"该句谚语常用来表示一言为定、绝不反悔。平时，人们常将此语句用在承诺之后，表示自己说出来的话一定是算数的。

"快马一鞭"的原意是指好马只需要打一鞭就会奔跑，后来以此比喻

君子说话言而有信。该句谚语是人们熟知观点的形象比喻,短小精炼却意味深远,在千百次的使用和流传中,被看作不证自明的道理。诚实守信方面的谚语还有"君子一言,驷马难追""君子说话,如笔泼墨""明人不做暗事,君子不说假话"等。

兑现学生承诺,爬行上班

美国犹他州有一位小学校长,名叫卢克。有一天,他爬行了几千米到学校上班,这一行为受到了全校师生的赞赏。原来,在一次全校师生大会上,他为了激励师生读书,一时兴起就和大家打了个赌:如果师生们能在当年11月9日之前读完15万页书,卢克就在11月9日那天爬行上班。有的人被他的话震惊了,但也有人认为这只是个玩笑,不过是校长的一番良苦用心。

从那天开始,不少学生为了打赌胜利,开始努力读书,身边的老师和同学都深受读书热情的感染,纷纷加入读书的队伍。就这样,在截止日期到来之前,全校师生成功读完了15万页图书。这时有人劝卢克,你激励学生们读书的目的已经达到了,就不要爬行上班了。卢克却坚定地说:"不,我一定要兑现承诺。"11月9日早上,他真的爬行上班,为了安全和不影响交通,卢克选择从公路边的草地上爬行通过。经过3个小时的爬行,磨破了多副手套和护膝,卢克终于到达了学校。此时,全校师生都站在校园里,夹道欢迎他们可爱又可敬的校长。

卢克校长一时兴起与人打赌,却愿赌服输,最终用实际行动兑现了自己的承诺。他在获得全校师生的掌声的同时,也获得了意义深远的教育效果。

阅读思考

1. 你能说出与"君子一言，快马一鞭"意思相近的成语或谚语吗？

2. 如果你是故事中的卢克，你会不会爬行去学校？如果你是故事中的学生，你会对卢克说些什么？

我 想 说

（赵萌萌）

格言俗语蕴诚信之二——有借有还

(绘图:赵玲利)

"有借有还,再借不难。"大家对这句俗语一定耳熟能详,它由《弟子规》中的一句话转化而来,即"借人物,及时还。后有急,借不难"。该俗语在生活中具体是指借别人的物品或钱财,应按照之前约定的时间及时归还,不要拖延,下次再去借的时候就比较容易借到;反之,再去借就会十分困难。

不论是学生之间借橡皮等文具还是成人之间资金、物品等周转,都应该遵守这一人际交往的基本准则。借完别人东西,使用好后马上归还,这样以后遇到事情再去麻烦别人时,人家才会愿意继续帮助你,不然,失去别人的信任,就很难再借到东西,因为谁都不愿意将自己的财物借给一个信用不佳的人。

 图片故事

有借有还，再借不难

小朱和他的表哥是形影不离的好朋友。表哥平时什么事都让着小朱，不管吃的还是玩的，表哥都会让小朱优先挑选，可唯独图书不是这样。表哥的书房里有很多有意思的图书，表哥对这些书籍呵护有加、十分珍爱，每一本都保护得很好，像新买的一样。小朱对表哥的书也很感兴趣，每次去表哥家都一直待在书房里不出来。到了该回家的时候，小朱还不想走，他真想借走这些图书一次看个够。表哥早就看出了小朱的心思，可还是不放心。有一天，表哥看小朱实在是喜欢看那本书，就让小朱借回家去看。小朱高兴极了，没几天时间就把那本书翻看了好几遍，看完后就随手放在书架上，时间一长竟然忘记归还了。

一天，表哥又买了几本新书。小朱看见了，也想一起看。表哥终于忍不住对小朱说："上次那本书你都借走两个月了，怎么还不还？"此时，小朱才想起忘记还书这件事，羞愧得满脸通红。小朱心想，这次应该看不到这些新书。没想到临走时，表哥把那本书递给了他。小朱出门就迫不及待地打开书，谁知一张纸条从书中掉了出来，上面写着："有借有还，再借不难。"

从那以后，小朱把"有借有还，再借不难"深深地记在了脑海里，从不忘记还书。几次之后，表哥也就放心地把书借给小朱了。

 阅读思考

1. 你熟悉"有借有还，再借不难"这句俗语吗？你还能说出几句类似

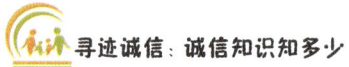

的俗语吗?

2. 在生活中,你一定有过朋友向你借东西的经历吧,如果朋友多次向你借东西却不及时归还,你会怎么做呢?

我 想 说

(赵萌萌)

格言俗语蕴诚信之三——铁拐李

（绘图：秦宇明）

同学们，你们知道图中这个手持拐杖，拿着葫芦的人物是谁吗？他就是位居八仙之首的铁拐李，本名李玄。

铁拐李天资聪慧，但他不愿追求功名，一心想要得道访仙。相传，成

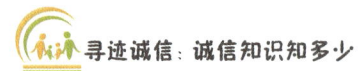

仙之前铁拐李找了个僻静的山洞,静坐沉思,潜心修炼。就这样十几年过去了,他自觉道行甚浅,不知何时才能修仙成功。他想拜华山的太上老君李耳为师,于是便起身去华山,历经千辛万苦终于到达华山莲花峰。经过太上老君的指点,他又回到山洞继续潜心修行,终于得道成仙。成仙后,铁拐李精于药理,并炼成了专治风湿骨痛的药膏。他炼制的药膏让很多民众脱离病痛,所以他深得百姓的拥戴。也正是这个原因,铁拐李被后世尊称为"药王"。

图片故事

(绘图:秦宇明)

铁拐李卖跌打药——货真价实

相传,彰德府有个王郎中以卖膏药为生,他乐善好施,可是他的妻子刁氏在卖膏药时总喜欢缺斤少两。这事被铁拐李知道了,铁拐李决定去彰德府走一遭。

铁拐李刚到门口,王郎中就注意到这个瘸腿乞丐的腿上长了个小疮,王郎中主动取出一贴膏药给他贴上。谁知第二天铁拐李腿上的小疮不但没好,反而变大了,于是铁拐李又去找王郎中。王郎中说:"我再配一贴更好的给你!"就这样一连三天,铁拐李腿上的疮竟变得碗口大,铁拐李忍不住在王郎中家门口破口大骂:"彰德府的膏药净是假货,真坑人!"王郎中十分过意不去,忙赔不是。他的妻子刁氏十分愤怒,竟放出家里的黄狗来咬。铁拐李刚进院门,家里的大黄狗就扑过来,狠命咬住铁拐李的腿,王郎中一急就抄起身旁的木棍将狗打死了。

王郎中亲自配好了一贴膏药,只见铁拐李伸手接过膏药往瘸腿上贴,又拿起一块狗皮捂在疮上。一会儿工夫,碗口大小的疮已没了踪影。王郎中正感到诧异,铁拐李留下几个数字便消失不见。王郎中恍然大悟,这原来是神仙来传授仙方。从此以后,彰德府的狗皮膏药因为专治腰酸腿疼、生疗长疮而闻名天下。"铁拐李卖跌打药——货真价实"这句歇后语也广为流传。

阅读思考

1. 通过本次阅读,你能说说为什么俗语"铁拐李卖跌打药"的下一句是"货真价实"吗?

2. 铁拐李是传说中的八仙之一,请再去找找其他八仙的诚信小故事吧。

我 想 说

(赵萌萌)

格言俗语蕴诚信之四——灶王爷

"灶王爷上天——有啥说啥",这句歇后语在中国民间广为流传。上图中穿着古代官服、留着胡子的老爷爷就是大名鼎鼎的"灶神",人们还称其为"灶王爷""灶君""灶君司命"。说起灶神,那可是中国民间传说中一位了不起的人物,其负责管理各家的灶火,被作为一家的保护神而受到

崇拜。

旧时,几乎每家每户的灶间都设有"灶王爷"的神位。有的人家供奉灶王龛,有的则将神像直接贴在灶间的墙上。可以说,灶神寄托了劳动人民辟邪除灾、迎祥纳福的美好愿望。

灶王爷每年都要去完成一项重要任务,那就是在每年腊月二十三日向上天汇报一年的工作,直到除夕日才会返回人间。抵达天宫之后,面对最大的上司——玉皇大帝,灶王爷事无巨细,如实禀报,可真是"有啥说啥"。

灶王爷上天——有啥说啥

俗话说:"腊月二十三,灶王爷上天。"相传,每年腊月二十三日,灶王爷都要前往天宫,到玉皇大帝那里汇报民间的大小事。灶王爷可是家家供奉、人人不敢得罪的人物,他向玉皇大帝启奏各家各户一年的善恶事,一直秉承着"有啥说啥"的原则。

相传,灶王爷原本仅是天宫的一个小小御厨。有一回赶上王母娘娘大寿,灶王使出浑身本领做出好多美食,让各路神仙吃得津津有味。可是有一道甜点实在太诱人了,灶王竟没忍住,自己把它吃光了。而玉皇大帝等了许久仍然不见甜点,命人即刻调查。这一查却发现是灶王吃掉的,因此十分生气,将灶王打入凡间。可没过多久,玉皇大帝就开始想念灶王做的美食,一旁的李天王提出一个建议:"给灶王一个理由,一年回来一次就可以了。"于是,玉皇大帝出于对灶王厨艺的认可,封他为灶神,记录民间善恶,每年上天汇报一次。从此,灶王爷变出无数个分身,端坐在家家户户的厨房。

最初,人们发现即使对灶王爷十分敬重,供奉好酒好肉,希望他吃饱了多说好话,灶王爷也仍旧该说什么就说什么。到了后来,为了让灶王爷上天的时候多说自家些好话,人们就会摆上祭灶的甜品——灶糖,让灶王爷多说几句"甜言蜜语"。

1. 读了这则故事,你喜欢这位灶王爷吗?为什么?

2. 同学们,在什么情况下会用到"灶王爷上天——有啥说啥"这句歇后语呢?

我 想 说

（赵萌萌）

格言俗语蕴诚信之五——富兰克林

"失足,你可以马上恢复站立;失信,你也许永难挽回。"

(美)本杰明·富兰克林

《穷理查年鉴》又叫《穷理查历书》,它由美国本杰明·富兰克林所写。因为写在日历本上,所以它被称作年鉴。《穷理查年鉴》是一本箴言集,汇聚社会生活各方面的人生智慧。1732年,富兰克林第一次以理查·桑德斯之名出版了他自编自印的日记,此后一直持续出版了25年,在当时是在美洲殖民地出版的较受欢迎的一本小册子。这本书后来以不同的文字在全世界出版,被译成多个语言版本。书中有许多脍炙人口的名言警句。

"失足,你可以马上恢复站立;失信,你也许永难挽回。"这句格言就出自富兰克林的《穷理查年鉴》。这里面的"失足"就是摔跟头,代表着失败;失信就是言而无信,不守信用。这句格言的大意是:失败后可以自己爬起来,总结教训再继续前进;而失信很可能会失去别人的信任,再也无法挽回。

烽火戏诸侯

在我国古代,烽火是在敌人侵犯时的紧急军事报警信号。周王朝在镐京附近的骊山(今陕西临潼东南部)一带修筑了20多座烽火台。一旦发现敌人来犯,哨兵就会立刻点燃烽火,邻近烽火台也相继点火,向附近的诸侯发出报警信号。

周幽王继位后不理国家大事,整天吃喝玩乐。他有个妃子名叫褒姒,不喜欢笑。周幽王想尽一切办法逗她笑,褒姒却始终不见笑颜。为博褒姒一笑,周幽王听取他人建议,登上骊山烽火台,命令守兵点燃烽火。顿时,狼烟四起,烽火冲天,诸侯们看见烽火,以为有敌人入侵,就带领兵马赶来救驾。等到了骊山脚下,诸侯们只听到山上一阵阵奏乐声,不见敌军。原来是周幽王和褒姒高坐台上饮酒作乐,根本没有来犯者。诸侯们知道被戏弄,悻悻而回。褒姒见此情景,觉得十分好玩,禁不住嫣然一笑。周幽王见褒姒真的笑了,为了让褒姒再一展笑颜,他就命人多次点燃烽火戏弄诸侯们。

公元前771年,犬戎带兵进攻镐京。守兵发现军情,随即点燃烽火,周幽王以为还能招来救兵。谁知诸侯们虽然看见烽火被点燃了,但是因为前几次的遭遇,以为又是周幽王在戏弄大家,最终没有一个救兵到来,周幽王悔不当初。不得已,周幽王仓皇出逃,奔往骊山,没想到被敌军一路追杀。最终周幽王和太子等人被杀,褒姒做了俘虏。至此,西周宣告灭亡。

阅读思考

1. 通过阅读,请你说说"失足,你可以马上恢复站立;失信,你也许永难挽回"这句格言警示的道理。

2. 你还能找到和"烽火戏诸侯"类似的典故或故事吗?请讲给身边的同学听。

我 想 说

（赵萌萌）

格言俗语蕴诚信之六——松下幸之助

"信用既是无形的力量,也是无形的财富。"

(日)松下幸之助

你可能对于松下幸之助有点陌生,但要说到松下电器,那可就人尽皆知了。原来松下幸之助就是日本著名公司松下电器的创始人。他出生于日本和歌山县,从小生活艰辛,靠着100日元起家,最后创立松下公司,使其成为国际知名品牌。世界上很多人都在享受松下电器带来的舒适生活。与此同时,松下幸之助的管理理念也深深影响着世人,他被人们称为"经营之神"。

"信用既是无形的力量,也是无形的财富。"这句格言就出自松下幸之助之口。他认为讲信用十分重要,守信用的人能得到别人的信任,会形成一种无形的力量。这份信用有时能创造出精神财富和物质财富。

从修鞋匠到亿万富翁

南存辉出生于浙江省乐清市,身为家中长子,13岁便辍学修鞋,成为一名修鞋匠。你能想得到他会通过自己的奋斗最终成为资产过亿的年轻企业家吗?他连续三次登上福布斯中国富豪榜,他的创业经历颇具传奇色彩。

南存辉现任正泰集团股份有限公司董事长,说到创业成功的秘诀,他认为跟诚信密不可分。1984年,南存辉创办了乐清求精开关厂。当时正是温州假冒伪劣商品盛行的年代,南存辉却严把质量关,想尽一切办法从上海请来工程师专门抓质量,于是求精品牌果然成为行业中的"领头羊"。1991年,南存辉注册了正泰商标,即现在的正泰集团股份有限公司。

严把质量、诚信经营一直是南存辉企业管理的准则。有一次,质检员在复检时发现即将出口的一批货物中有一件产品的颜色与其他产品不一致。但此时已近发货的期限,发货还是不发货?工作人员随即将这一情况上报南存辉。南存辉了解情况后,随即要求对这批货物全部开箱复验。这一决定的后果是,为保证按时交货,公司不得不将货运方式由海运改为空运,费用一下就增加了80万元。尽管如此,南存辉却说:"为了产品的质量和品牌的信誉,花这些钱值得!宁愿少挣钱,也不让一件不合格产品出厂。"

就凭这样的经营理念,正泰集团股份有限公司成为国内低压电器行业最大的产销企业之一,综合实力名列全国民营企业第5位。南存辉个人也完成了从修鞋匠到亿万富翁的完美"逆袭"。

1. 通过阅读,你认为南存辉的创业经历是否具有传奇色彩。
2. 留心观察生活,你的身边说不定就有因讲诚信而收获赞美和财富的人,也说说他(她)的故事吧。

我 想 说

(赵萌萌)

古今成语赞诚信之一——言而有信

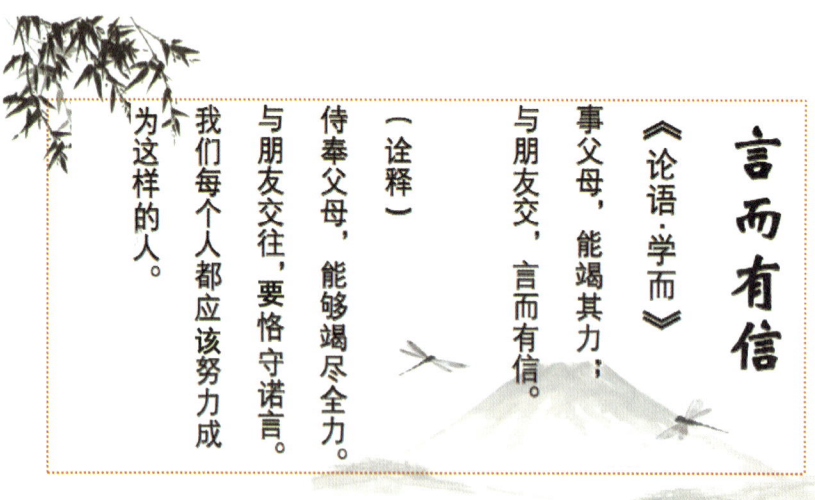

言而有信

《论语·学而》

事父母,能竭其力;
与朋友交,言而有信。

(诠释)

侍奉父母,能够竭尽全力。
与朋友交往,要恪守诺言。
我们每个人都应该努力成为这样的人。

(绘图:赵玲利)

成语"言而有信"出自《论语·学而》,子夏曰:"事父母,能竭其力;事君,能致其身;与朋友交,言而有信。虽曰未学,吾必谓之学矣。"这段话的意思是,如果一个人能尽心尽力地孝顺父母,全心全意且忠诚地对待国君,对待朋友说话算话、讲究信用。这样的人,即使他没有受过正规的教育,我也觉得他学得很好了。后来,孔子弟子子夏的这段话中的"与朋友交,言而有信",就演变成了成语"言而有信"。子夏认为,对待朋友要说话算话、说到做到、讲诚信。随着诚信精神的发展,在中国传统文化中,"言而有信"的精神被扩大到对待所有人和事上,而不仅仅是对朋友。无论在什么样的情况下,我们都应该讲诚信。"言而有信"也成为中国人最基本的道德标准。

 图片故事

孟母买肉教子

孟子是儒家学派的代表人物,被称为"亚圣"。孟子在做学问和做人方面都取得了很大成就,这与母亲对他的良好教育是分不开的。我们对

"孟母三迁"的故事都很熟悉。其实,孟子的母亲为了让他明白讲诚信的道理,也曾通过言传身教,用实际行动给他做示范。

相传在孟子还小的时候,有一天孟子看到邻居家在杀猪,就好奇地问母亲,邻居为什么要杀猪。母亲当时在忙,就随口说道:"杀猪是为了给人吃的。他们杀了猪,你就有肉吃了。"小孟子记住了妈妈的话,就一直追问什么时候能吃猪肉。

孟子家里并不富裕,吃肉是件奢侈的事情。母亲本来只是随口一说,家里并没有多余的钱去买肉。可是,孟子母亲一直注重言传身教,她想:我怀着他时,席子摆得不正我都不坐,肉割得不正我也不吃,就是为了从娘胎里就给他做好示范。现在,如果我说了要让他有肉吃却没有做到,那不就是欺骗吗?这样,我怎么能教育他言而有信呢?于是,孟子母亲咬着牙,从本就不多的积蓄中拿出钱,到邻居家买了一块肉煮给孟子吃,之后自己却省吃俭用了很久。

正因为孟子从小受到母亲"言而有信"的教育,所以他深刻地明白要对自己说的话负责,承诺的事就要做到。也因为如此,他在做学问和做人上都讲诚信,脚踏实地,成了儒家的重要代表人物,受到大家的景仰。而孟子的母亲,也因为重视教育,以身作则,成为做母亲的典范。

阅读思考

1. 孟子的家庭本就不富裕,母亲为什么还要奢侈地拿出钱买肉给孟子吃呢?

2. 你认为孟子之所以能成为"亚圣",他的母亲对他产生了怎样的影响?

我 想 说

（张婷婷）

古今成语赞诚信之二——尾生抱柱

（绘图：赵玲利）

　　成语"尾生抱柱"，也可以说"抱柱之信""尾生之信"，它最早来自春秋战国时期广为流传的一个故事。故事说的是，一个叫尾生的人，为了信守与别人在桥下相见的约定，即使洪水来了也不肯离开，最后抱着桥柱被淹死。人们被尾生信守承诺的精神感动，口口相传着这个动人的故事。《战国策》《庄子》《淮南子》《史记》等书都对这个故事进行了记载，并赞扬了尾生信守约定、言而有信的精神。这说明，尾生的故事流传很广，他的诚信精神得到了大家的认可。后来，人们就用"尾生抱柱"这个成语来指言而有信、坚守诚信。尾生这个人物也成了诚信的代名词,世世代代被人们称颂。直到今天,人们提到尾生,脑海中就会浮现他抱着桥柱坚定地信守承诺的形象。

 图片故事

(绘图:赵玲利)

尾生抱柱

相传在春秋战国时期,鲁国有一个叫尾生的人,他待人真诚、热情,非常讲诚信,大家都很喜欢他。

有一次,尾生和别人约定了要在一座桥下见面。可是,到了那天,不巧天下起了大雨。尾生不顾恶劣的天气,坚持来到桥下准时赴约。他来到桥下,雨却越下越大,河里的水开始上涨。尾生耐心等待,可是早已过了约定的时间,与尾生相约的人还没有来。旁边的人见了,都劝尾生赶紧回家,桥下很危险,而且下着大雨,已经过了约定时间,那人应该不会来了。可是尾生坚持说:"我已经和别人约定好了,就一定要说话算话,言而有信。"于是,他继续坚持在桥下等待。后来,大雨继续下个不停,

河水继续上涨，一点点淹没了尾生的身体。尾生只能紧紧抱住桥柱使自己不被水冲走，却依然不肯离开。最后，他被洪水淹没而死。与他相约的人那天因为别的事情没办法赴约，后来知道了尾生如此信守约定，羞愧不已。

现在，也有人认为尾生的做法太固执或太愚蠢，本来就是别人不守承诺在先，没有按时赴约，他失约回家也无可厚非。可是，正是尾生这样对约定接近偏执的坚持，让诚信的精神在他身上得到了淋漓尽致的体现。尾生信守约定，甚至愿意付出自己的生命，这样信守承诺的诚信精神感动了大家，所以他的故事被世代流传称颂。

阅读思考

1. 现实生活中，如果我们遇到了尾生这样的情况，不必付出自己的生命。那你能用什么方法既保护自己的安全，又不失信于人呢？

2. 有人说，在生活中，我们不该为了一个承诺轻易付出自己的生命，所以我们也不必学习尾生的精神。对此，你怎么看？

我 想 说

（张婷婷）

古今成语赞诚信之三——一诺千金

（绘图：赵玲利）

　　成语"一诺千金"，出自《史记·季布栾布列传》中的"得黄金百，不如得季布一诺"。这句话是别人对季布的评价，其实是说季布这个人很讲信用、说话算话，得到他的一句承诺，比得到一百斤的黄金还顶用。季

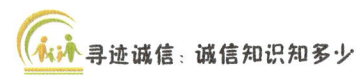

布正是凭借这样的好名声,受到了很多人的尊重和皇帝的信任,官越做越大,他的美名也一直在历史上流传。人们后来就用"一诺千金"这个成语比喻一个人说话算数、极有信用。我们也可以将这个成语说成"千金一诺"。

在日常生活中,如果一个人说话算数,答应别人的事情总是能做到,我们就可以说他是个一诺千金的人。真正比千金更重要的,是我们信守承诺、说到做到的诚信品质。美好的个人品质会让社会变得更美好。

季布一诺千金

季布是秦代末年的人,他年轻时就喜欢帮助别人,答应别人的事情,总是想办法做到。渐渐地,大家都很信任他、喜欢他。

在刘邦和项羽争夺天下时,季布曾经作为项羽的手下,多次与刘邦作战,让刘邦吃了不少亏。刘邦当了皇帝,便悬赏重金捉拿季布,想狠狠处置他。周围的人劝谏刘邦,季布贤名远扬,应该宽恕并封赏他,以此笼络天下人心。这才使季布免受惩罚。

汉文帝因为有人举荐了季布,就召见他,准备让他做大官。可是后来又有人在汉文帝面前说了季布的坏话,所以汉文帝只是与季布寒暄了几句,就让他回去。季布直接对汉文帝说:"您因为一个人的几句好话就准备重用我,又因为一个人的诋毁就疏远我,天下人会怎么看您呢?"汉文帝听了羞愧不已。最终,季布也委婉地拒绝了汉文帝的封官。

后来季布的同乡曹邱生来拜访,对季布说:"我们的家乡楚地流传着

'得黄金百,不如得季布一诺'这样的话,这都是我帮您宣扬的。经过我的宣传,大家都知道您是个信守承诺的人,现在仰慕您的人越来越多了。"季布听到这儿,感到非常高兴,好好款待了曹邱生。

曹邱生继续宣传季布信守承诺的美德,季布讲诚信的美名越传越广,他的官也越做越大。后来,全天下的人都知道"季布一诺,重于千金"。季布因为信守承诺,在危难时刻使自己摆脱了困境,留下了千古美名。"千金一诺"的说法也就流传了下来,被用来形容像季布这样讲信用的人。

(绘图:赵玲利)

1. 你知道为什么大家会说"得黄金百,不如得季布一诺"吗?

2. 在了解了"一诺千金"的故事后,如果你在生活中答应了别人的事,应该怎么做呢?

我 想 说

（张婷婷）

古今成语赞诚信之四——开诚布公

（绘图：赵玲利）

"开诚布公"这个成语出自《三国志·蜀书·诸葛亮传》。它来自作者对诸葛亮功绩的一段概括："诸葛亮之为相国也，抚百姓，示仪轨，约

官职,从权制,开诚心,布公道。"其意思是诸葛亮做丞相的时候,安抚百姓,示范礼仪,制定官职,遵从权力制约的原则,诚心诚意地对待他人,做事讲究公道。后来,人们就用"开诚布公"这个成语来形容打开心扉,真诚地对待他人。诸葛亮历来最被人称道的是他的聪明才智,但他能取得国君的信任,受到人民的爱戴,得到后人的尊崇,还因为他在治理国家时真诚对待他人、坦白无私。诸葛亮在担任丞相时开诚布公,得到大家的信任,让蜀国渡过危难。诸葛亮也因此被称为一代贤臣,受到无数后人的敬仰。现在,成都还有专为诸葛亮建立的"武侯祠",供人们纪念他。

 图片故事

诸葛亮挥泪斩马谡

三国时期,诸葛亮在北伐中原的一次战争中,需要派人驻守军事要地——街亭。正当他不知该派谁担任守军大将时,初生牛犊不怕虎的马谡主动请求担此重任。诸葛亮很欣赏马谡的才能,但也知道他年轻气盛、缺乏经验,不禁担心:如果委此重任,会不会太过轻率!马谡见此情景,再三请求,还郑重其事地立下军令状——如果丢失街亭,甘愿以死谢罪。细致的诸葛亮还不放心,又派了稳重的王平担任副将,并再三叮嘱马谡要小心谨慎,临水驻军,遇事和王平商量。如此一番布置后,诸葛亮才让马谡前往街亭驻守。

可没想到,马谡到达街亭后,刚愎自用,不听王平的劝谏,认为驻军高处能观察敌人的动向,坚持将营地驻扎在缺乏水源的高山上。结果,魏军发现了马谡驻军的漏洞,放火烧蜀军军营。蜀军被困在山上,没有水源救火,士兵被烧死无数,很快便溃败了。

马谡几人死里逃生,回到了蜀国。此时,诸葛亮心痛不已,不仅因为重要的街亭失守,更因为他面对立过军令状的马谡左右为难。一方面,诸葛亮爱惜人才,不愿斩杀年轻有为的马谡;另一方面,马谡立过军令状,失守街亭就要承担责任。最终,诸葛亮为了取信于民,在军中树立军纪的威严,流着泪下令斩杀了马谡。此后,蜀国上下都知道诸葛亮说到做到,对他更加佩服、更加信任,没有一个人不称赞他。

1. 街亭失守,蜀国已经面临巨大的损失,这时诸葛亮为什么仍然要斩杀马谡,令蜀国再失去一位人才呢?

2. 有人说,马谡虽然丢失街亭,但罪不至死。诸葛亮斩杀自己军中的大将,是不是太残忍了呢?

我 想 说

（张婷婷）

古今成语赞诚信之五——驷不及舌

（绘图：赵玲利）

  成语"驷不及舌"是指说出的话，哪怕四匹马拉的车也拉不回来。"驷马"指的就是四匹马拉的车。它的力量很大，但是一个人说

出的话，应该比驷马的分量更重。这个成语出自《论语》："棘子成曰：'君子质而已矣，何以文为？'子贡曰：'惜乎，夫子之说君子也！驷不及舌。'"这段话来自孔子的弟子子贡和卫国大夫棘子成的一次辩论。棘子成认为，君子只要有好的本质就够了，不必在意那些表面形式。子贡不赞同棘子成的说法，认为一个人的言谈也很重要，说出的话，四匹马拉的车也追不回来，本质就像文采，文采就像本质，都是同等重要的。子贡是想告诉大家，要重视自己说过的话，言行一致。后来，这个成语衍生出一句我们更熟悉的俗语——一言既出，驷马难追。在生活中，我们常常用这个俗语来表示自己说过的话一定会做到。

 图片故事

"不乘赤车驷马,不过汝下也"

司马相如是历史上有名的大才子,青年时期的他却过得并不如意。他擅长写赋文,但当时的皇帝汉景帝并不喜欢这种文体。怀才不遇的司马相如只能落魄地回到家乡。在这里,他的才华吸引了富家小姐卓文君,两人很快相爱了。卓文君的父亲嫌弃司马相如家境贫寒,也没有一官半职,不同意这门婚事。两人只能偷偷逃到成都,靠开小酒馆谋生。

"是金子总会发光"。汉武帝当了皇帝后,看到了司马相如的文章,很欣赏他,并邀请他到都城长安。这时的司马相如相信自己很快将得到重用,对前途充满了信心。他离开成都时,在升仙桥边的送客观写下豪言:"不乘赤车驷马,不过汝下也。"其意思是如果这次我不能得到重用,没有乘着四匹马拉的豪华马车,就不会回来。

到了长安后,司马相如不仅因《子虚赋》得到了汉武帝赏识,又写出《上林赋》等名篇,令汉武帝大加赞赏,被封为郎官。志得意满的司马相如终于衣锦还乡,实现了他对卓文君许下的诺言。后来,他们的生活得到改善,过上了好日子。司马相如重视诺言的诚信品质,比他所乘的赤车驷马更加令人赞赏。

后来,人们为了纪念司马相如的这段故事,把升仙桥改名为驷马桥,赞扬他说话算话、践行诺言的行为。

阅读思考

1. 读了司马相如的故事,你觉得人们为什么要把升仙桥改名为驷马桥。

2. 为什么人们要说"一言既出,驷马难追"?这句话给我们什么启示?

我 想 说

（张婷婷）

古今成语赞诚信之六——精诚所至,金石为开

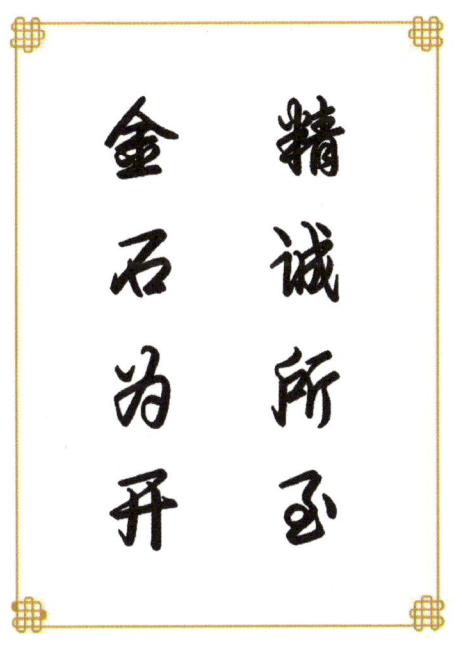

(绘图:赵玲利)

"精诚所至,金石为开"是一个八字成语,意思是人的诚心到了,能感动天地,使石头都裂开。后来人们把它用来表达诚心诚意地做某件事,就一定能成功。这个成语最初来自汉代飞将军李广的故事。传说有一次李广将军打猎时,远远看到草丛中有一只白老虎。于是他全神贯注,发力射

过去,一箭射中了白虎。可是大家走近"猎物",才发现李广射的并不是老虎,而是一块石头。由于他射箭的力气非常大,箭头已经深深地射入石头中,让石头都裂开了。李广也不相信自己有这么大的力气,后来又试了很多次,都没法再把箭射入石头中。那是因为他第一次射箭时心无旁骛、诚心诚意,所以才能成功。后来,"精诚所至,金石为开"这个成语的意思在使用过程中逐渐演变为如果诚心实意,就连石头都会被感动,形容一定能做成某件事。

 图片故事

东北抗日联军"诚至金开"

广阔的东北地区不仅生活着汉族人,还有朝鲜族等多个少数民族。80多年前,这片土地上的人们遭到了日本帝国主义的残酷侵略,生活在

水深火热中。一支由中国共产党领导的武装力量——东北抗日联军决定团结东北各族人民进行反抗,共同保卫自己的家园。怎样让各族人民团结起来,共同抗日呢? 东北抗日联军主要领导人之一的杨靖宇将军想到了"精诚所至,金石为开"这个成语,只要各族人民能开诚布公、互相信任,就能团结起来,不断壮大力量,抗击敌人。他还写成了《中朝民族联合抗日歌》,通过慷慨悲壮的歌曲,宣传团结一心、共同抗日、保卫家园的团结抗日精神。歌词化用了"精诚所至,金石为开"这个成语,提炼为"诚至金开"一词。这个词语也给予了各族抗日民众极大的信心,使大家坚信只要团结抗日,就一定会取得胜利,实现和平。

在"精诚所至,金石为开"的精神激励下,东北地区的各族人民开诚布公、互相信任,毫无保留地亲密合作,坚持同日本侵略者进行了长达14年的斗争。他们利用多种形式与侵略者周旋,牵制了敌人的力量。东北抗日联军涌现了很多像杨靖宇将军一样坚强不屈的英雄,他们激励东北乃至全国人民团结起来,组成抗日民族统一战线,越来越多的中华儿女投入抗日战争。这当中,不仅有汉族、朝鲜族,还有生活在中华大地上的其他

各族人民。

经过全国各族人民的坚强斗争,我们最终赶走了侵略者,取得了抗日战争的胜利。东北抗日联军诚心团结各族人民的"诚至金开"精神,激励着一代又一代人。

1. 东北抗日联军为什么能在艰苦的条件下团结起来抗击日本侵略者?

2. 读了这个成语故事,如果你要和朋友一起合作完成一项任务,你会怎么做呢?

我 想 说

(张婷婷)

诗词歌画颂诚信之一——《季札挂剑图》

(绘图:赵玲利)

《季札挂剑图》表现的是春秋时期季札信守心中承诺,在徐君墓前赠剑的画面。季札是春秋时期的吴国人,因为他品行高洁,被尊称为

"季子"。图中季札挂剑的地方是徐君的墓,徐君是春秋时期徐国国君。季札出使徐国时,与徐君一见如故。徐君喜爱季札的宝剑,却没好意思开口;季札也在心中决定要把宝剑赠给徐君。但因为徐君突然去世,季札来不及将宝剑当面赠送,就把剑挂在徐君墓前的树上,践行心中的承诺。季札挂剑的故事和他信守心中承诺的美德一样,广为流传。现在我们能看到的最早以季札挂剑为主题的绘画作品是三国时期的《季札挂剑》漆画。如今,各地纷纷塑造了季札挂剑雕像。此外,我们还可以看到各种表现季札挂剑美德的美术作品。季札信守承诺的美德一直被后人称颂。

图片故事

(绘图:朱燕苹)

季札挂剑

春秋时期吴国的季札被派遣到晋国出访,他在出访途中经过徐国,拜访了徐国国君。季札与徐君相谈很愉快,心中互相把对方当作好朋友。徐君看到季札的宝剑锋利无比、装饰华美,非常喜欢。这把宝剑是吴国的宝物,也是季札出访时身份的象征,所以徐君没有直接说明,但流露出想要宝剑的神情。季札明白徐君的意思,在心中也答应要把宝剑赠给徐君,只是碍于出访任务,不能立即送出。季札想着,等完成出使任务,再来徐国,一定把宝剑赠给徐君。

等到季札再次经过徐国时,不料徐君已经去世。季札想起曾在心里对徐君许下的承诺,于是要解下宝剑赠予新继位的徐国国君。他身边的人都劝说他,这把宝剑是吴国的宝物,不能随意赠送,而且当初他们也并没有做出正式的约定,徐君已死,没有人会计较这件事。可是季札说:"我之前已经在心里答应了徐君要把宝剑赠送给他,这件事虽然别人不知道,但是我在心里已经对徐君许下了承诺,我就应该做到。现在因为他死了,我就不信守承诺,那不是做违背良心的事吗?"季札依然坚持要送出宝剑。可是徐国新君认为宝剑太过贵重,自己不敢贸然代替父亲接受这样贵重的礼物。为了不违背自己心中的诺言,季札只好来到徐君墓前,庄重地祭奠徐君后,把宝剑解下,挂在了墓前,用这种方式将宝剑赠给徐君。

阅读思考

1. 季札挂剑的故事为什么能千古流传?我们能从中学到什么?
2. 有人说,徐君已死,季札和徐君也没有明确的约定,季札把这

么贵重的宝剑赠送给已死的人是不值得的。你同意这种说法吗?为什么?

我 想 说

(张婷婷)

诗词歌画颂诚信之二——《中和乐九章》

中和乐九章·总歌第九（节选）

唐·卢照邻

君臣已定兮君永无疆，颜子更生兮徒皇皇。
若有人兮天一方，忠为衣兮信为裳。
餐白玉兮饮琼芳，心愁荟兮路阻长。

（绘图：赵玲利）

《中和乐九章》是被誉为"初唐四杰"之一的卢照邻写的一组乐诗。《中和乐》是唐代的一种乐曲，卢照邻共写了九篇《中和乐》乐曲，所以称为《中和乐九章》。《中和乐九章》分别从帝王、储君、公卿等各个方面歌颂唐朝的太平盛世，可以说是以歌颂统治者为主的赞美诗。但在最后的第九章《总歌》中，卢照邻总结了"若有人兮天一方，忠为衣兮信为裳"的观点，劝诫皇帝和官员们在管理国家时要在人民心中树立良好的形象，用忠诚和诚信做自己的衣裳，也就是要讲诚信。这一取信于民观点的提出，提升了整首诗的内涵,让这组诗在歌功颂德之外,更能引发统治者的思考。这也使《中和乐九章》作为卢照邻的代表作之一,被选入《全唐诗》中。

 图片故事

卢照邻用诚信作衣

我们现在看不到卢照邻的照片,但能找到他的画像。我们发现这些画像总是他的上半身像或是他坐着的画像,这其实与卢照邻的遭遇和身体状况有关。卢照邻出身官宦世家,年少时跟着许多大文豪学习,才华出众。后来,他到成都做了官,本应该前途无量。可惜,幸运之神并没有一直眷顾他。离开成都后,卢照邻因为写诗直言不讳,得罪了当时他的上级,被冤枉入狱。在狱中,他也不肯向当权者低头,不愿意说一句软话,结果受尽了折磨。在朋友们的多方营救下,他才摆脱牢笼。出狱后,身体羸弱的他又感染上了风疾,导致手脚残疾,不能自由行走。这就是我们看到的卢照邻画像总是半身像或坐像的原因。

出狱之后,卢照邻的身体一直不见好转,虽然很长一段时间里都得到了当时的名医孙思邈的医治,但病情却反反复复,终不见好。即便如此,

在最困难的时候,他仍然坚守自己的原则,不接受权贵的示好,不愿意违背自己的良心。

命运坎坷的卢照邻虽然在生活中遭遇了很多磨难,但是他的心中始终坚持着高尚的品德,不肯因为身体的残疾就放低对道德的要求。他说"忠为衣兮信为裳",不仅是劝诫国家管理者,也是勉励自己要用诚信作为最美的外衣,展示给周围的人。

1. 卢照邻为什么要把忠诚和诚信比作外衣?你能结合自己的生活经历理解这句诗吗?

2. 你觉得,卢照邻在被人冤枉又身患重疾的情况下,是不是就可以只顾自己的安逸,不必坚持诚信呢?

我 想 说

(张婷婷)

诗词歌画颂诚信之三——《酬崔五郎中》

酬崔五郎中（节选）

唐·李白

杖策寻英豪，立谈乃知我。
崔公生民秀，缅邈青云姿。
制作参造化，托讽含神祇。
海岳尚可倾，吐诺终不移。

（绘图：赵玲利）

 图片介绍

我们印象中的"诗仙"李白潇洒狂放、不拘小节，却不知道他在面对承诺的时候，也非常谨慎，不肯轻诺寡信。《酬崔五郎中》这首诗就是李白年轻时遇到知己邀请但不能赴约，不愿轻易许诺而婉言拒绝的作品。

李白在诗中回忆了自己与崔五郎中从相识到成为知己的美好过程，表达了对崔五郎中的欣赏和赞美；但因为有建功立业的雄心壮志，所以不能答应知己隐居山林的邀请。他明白，承诺的事情必须做到，所以只能婉拒，只能希望以后能在洛阳与知己再见面。对自己不能做到的事就不轻易许诺,也是重视承诺、重视诚信的一种表现。这首诗在李白的众多作品中并不算出色,但其中的"海岳尚可倾,吐诺终不移"作为赞扬诚信、重视承诺的标准,成为广为流传的名句。

 图片故事

(绘图:赵玲利)

李白以诗辞约

年轻时的李白志向远大,意气风发。他在游历洛阳时,遇到了一位

叫崔宗之的人,因为崔宗之在家中排行第五,所以也称崔五。崔宗之也是当时有名的文人,和李白一样爱好喝酒,还被称为"饮中八仙"之一。李白和崔宗之一见如故,常常一起饮酒作诗,很快就成为无话不谈的好朋友。

崔宗之虽然在洛阳做官,但逐渐厌倦了官场,有辞官隐居的想法。他知道李白和他一样喜爱秀丽的山川美景,便写了一首诗给李白,有意邀请李白和他一起到风景如画的庐山去隐居。

但这时的李白刚刚出仕做官,虽然官职不大,但他有远大的抱负,希望能在官场上施展自己的才华,有一番作为。李白虽然心中也向往和崔宗之一起去秀丽的庐山饮酒作诗,但更明白自己现在不能立刻跟着崔宗之走;而一旦答应了好朋友,李白就不能反悔,必须信守诺言。于是,李白经过慎重考虑,写下这首《酬崔五郎中》,以赠诗的方式,向好朋友表明心迹。在诗中,李白告诉好友,自己有建功立业的心愿,虽然遇到了一见如故的知己,却不敢轻易答应隐居的邀请,因为一旦答应了,他就要信守承诺,哪怕沧海桑田、山倒海移,自己的承诺也不能改变。所以,他不能跟随友人去庐山,期待两人以后能在洛阳再相遇。

从此,诗中的"海岳尚可倾,吐诺终不移"一句,成为信守承诺的名句。

1. 有人说,李白不用直接拒绝好友,可以先答应和好友一起去庐山,再回来做官。你觉得这样的想法可行吗?

2. 读了《酬崔五郎中》这首诗背后的故事,你认为李白身上还有什么品质值得我们学习?

我 想 说

（张婷婷）

寻迹诚信：诚信知识知多少

诗词歌画颂诚信之四——《任运》

任 运

清·顾图河

善走须得途，邪径不可行。
善博须得卢，不关人力成。
达人期任运，世路夸趋营。
百虑输一忘，百巧输一诚。
不见信天翁，亦得全其生。

（绘图：赵玲利）

图片介绍

《任运》是一首告诉人们为人处世之道的诗篇。"任运"一词是听凭命运安排的意思，但这首诗其实是用"任运"来讽刺一些社会现象的。该诗告诫人们要走正道，做正义的事，不能走歪门邪道，不能只奢望好运的降临或靠钻营。再处心积虑的人，也会有疏忽的时候；哪怕会百般谋划，如果不讲诚信，也会满盘皆输。就像信天翁那样，只依靠等待鱼鹰掉落的食物而生存，是不可取的。

这首诗的作者顾图河在清代科举中考取了榜眼，同时也是扬州地区有名的学者。他不仅学识渊博,而且为人正直,深受康熙皇帝赏识。后来他为父亲守丧回到故乡扬州,见到当地盐商私卖官盐、欺压百姓,便不顾商贩的诽谤污蔑,为百姓仗义执言,还写下《任运》这首诗讽刺那些不讲诚信、不劳而获的人。他的正直敢言、伸张正义也让他深受当地百姓的拥戴。

图片故事

顾图河的信天翁

信天翁是一种长相憨态可掬的水鸟,常以水中的小鱼小虾为食。城里的人们虽然喜欢信天翁可爱的样子,但是居住在水边的渔民却不喜欢

它,因为渔民们认为信天翁是一种不肯自食其力、喜欢不劳而获的水鸟。勤劳的渔民们不希望自己或家人成为像信天翁一样的人,看见信天翁就会进行驱赶或者离得远远的。

那么,渔民们为什么会如此讨厌信天翁呢?明代《丹铅总录》记载,信天翁自己不会捕鱼,于是就动起歪脑筋,等在水边,看到鱼鹰捕的鱼有偶然掉下来的,就捡来充饥。对于这样投机的事和物,正直之人都不可能喜欢。

顾图河是一个正直、讲诚信的人,对自己和他人的道德要求都比较高。他在老家扬州时,发现当地盐商不讲诚信、欺骗百姓,以次充好,甚至走私卖盐,以致许多百姓买不起盐,孩子身体发育不健康。于是,榜眼出身的他亲自执笔抨击不诚信的盐商,写下《任运》这首诗,以"信天翁"为喻讽刺那些不讲诚信,妄图通过歪门邪道获取利益的人。虽然他因此遭到那些不法商人的污蔑,但依然坚持自己的立场。正是因为有这样正直诚信的品格,顾图河不仅继续得到了皇帝的重用,出任皇子的老师,也得到了家乡百姓的敬仰。他去世时,当地老百姓纷纷去为他送葬,以致道路都被阻塞了。

时至今日,扬州人民还时时怀念他,为他竖立了塑像。

1. 读了这则故事,你知道顾图河为什么不喜欢信天翁吗?

2. 结合故事中顾图河在家乡为老百姓仗义执言的事,你觉得他写下"百虑输一忘,百巧输一诚"是讽刺哪些人?

我 想 说

（张婷婷）

诗词歌画颂诚信之五——图画绘诚信

（绘图：赵玲利）

  诚信,这个美好的品质一直以来都被大家重视和传承。现代社会中,人们更加认识到诚信的重要性。近年来,各地区都纷纷举行了诚信主题的画展、艺术展等,通过绘画等艺术创作的形式,宣传诚信精神,弘扬诚信美德。

早在 2004 年,文化部便启动了"诚信画廊"评选,旨在促进绘画行业的诚信经营,树立诚信品牌。2005 年,"艺术与诚信——中国诚信画廊上海邀请展"在上海开幕。诸多诚信艺术展中,规模较大、影响范围较广的是自 2012 年开始办的"3·16 国际诚信节"。诚信绘画展览活动也走进了校园。全国各地大中小学也纷纷举办各种类型的诚信绘画活动,诚信的美德之花开遍校园。例如,2016 年,兰州大学举办了诚信书画比赛活动。2020 年 8 月,"诚信郑州"书画展在郑州文化馆举办。这类以地方为单位的诚信书画主题活动,对当地民众诚信品德的树立有更大的号召力。

(绘图:上海立信会计金融学院附属学校 林钰琪)

寻迹诚信：诚信知识知多少

图画绘诚信

诚信是中华民族的传统美德，从古至今，我们都重视诚信品德的传承。古人用诗词画作颂扬诚信美德，当代的少年儿童更是不断传承和发扬诚信的美德。

上海立信会计金融学院附属学校以诚信为特色，校园中诚信氛围浓厚，大家都崇尚诚信、践行诚信。2020年9月，学校倡导开展了诚信主题绘画活动，让学生通过记录自己在日常校园生活中的点滴，发现其中的诚信之美。活动倡议一发出，学生们就争先恐后地报名。在美术组老师的指导下，大家利用善于发现的眼睛，留心观察校园中的诚信现象，再进行整理和艺术构思，用自己的画笔绘出诚信美德在校园中的流传。活动中涌现了很多优秀的作品。学校在评选后，开辟了专栏进行展览。一幅幅斑斓的画作，展现的是孩子们对诚信最质朴和纯洁的理解。如果你感兴趣，不妨到这个诚信校园中看一看。

上面的这幅画就是学生绘制的学校诚信图书馆借书的日常场景。学校里，诚信图书馆布置得整洁温馨，孩子们可以在课余时间自主借阅诚信图书馆的书籍，自己进行记录。书架上的日历提醒着大家还书的日期。在这幅画中，学生在"按时归还"的提示牌下，排着队自主归还书籍。在此期间，老师无须进行监督，这样有利于培养孩子们的诚信意识和品质。在这幅画中，两只相握的手上的"诚信者，天下结也"是小作者对诚信的理解。

阅读思考

1. 如果让你以"诚信"为主题创作一幅绘画作品，你想画什么呢？
2. 各地都在举办诚信主题书画展，你认为这是为什么？

我 想 说

（张婷婷）

寻迹诚信：诚信知识知多少

诗词歌画颂诚信之六——《说到做到》

说到做到

作词：崔 恕　　作曲：赵佳霖

繁星挂在天边，光明照亮我眼前。
我辈君子谦谦，初心不负时间。
世界瞬息万变，认真过好每一天。
秉持心中信念，经得起任何考验。
说出来就叫誓言，做得到就叫兑现。
且把诚信放心间，陪伴我一路向前。
写下来就是诗篇，传下去变成经典。
每一天都在实践，说到做到，诚信青年。

（绘图：赵玲利）

图片介绍

2019年，共青团中央指导发布了一首由数位青年偶像与青年代表合作演唱的宣传曲《说到做到》。这首宣传曲视频中不仅有深受青少年朋友喜爱的青年偶像，还有多位全国诚信青年代表参与演出。视频中，我们看到有人饰演了一位老师，带领同学们进入诚信考场，大家在考卷上坚定地写下自己的名字，诚信答题；有人通过扫码进入诚信超市，在无人售货的环境中,自觉为自己选择的商品付款;有人通过签订合同,遵守约定,在工作中与他人愉快地合作;有人在图书馆借阅图书后,按时归还到原处。这些熟悉的场景为青少年重现了大家日常生活中的诚信行为,引起了大家的共鸣。这也提醒大家,诚信行为无处不在,诚信品质永远流传,就像歌词中唱的那样"每一天都在实践,说到做到,诚信青年"。

图片故事

陈建钧诚信创业

《说到做到》这首歌曲的录制,召集了多位演员和青年代表。大家能

按时从五湖四海集中到一起进行录制，就是说到做到的一次实践。其中，青年代表陈建钧的到来更是不易。为了按时赶到录制现场，他只能乘坐往返需要39小时的火车。而陈建钧背后的故事，更是对"说到做到"的有力诠释。

陈建钧来自一个贫困家庭，靠着爱心人士的资助才完成了学业。心怀感恩的他坚持积极参加各类志愿活动，被誉为"草原上走出的蒙古族雷锋"。2015年，陈建钧回到家乡创业，建立乌鸡养殖合作社。开始创业时，陈建钧就想到自己从小受到乡亲们的帮助，应该带领乡亲们一起致富。于是，他动员村民一起加入乌鸡养殖合作社。可是这时的村民还有很多顾虑：乌鸡养殖需要投入不少成本，乌鸡还需要一段时间才能养大，万一养大的乌鸡卖不出去，可怎么办呢？为了打消乡亲们的疑虑，陈建钧承诺乌鸡养大后，他会按照每只80元的价格全部回购。这一句承诺，重于千金。乡亲们相信陈建钧是个说到做到的人，放心地跟着他养乌鸡。当乡亲们的乌鸡一只只长大时，陈建钧兑现了他的诺言，回收了全部乌鸡。通过他的诚信经营，乌鸡养殖合作社发展红火，乡亲们都脱贫致富了。

陈建钧是讲诚信、说到做到的众多青年之一,他通过自己的诚实守信,实现了脱贫致富,改善了生活。在这些诚信青年的榜样带领下,诚信的美德将如《说到做到》这首歌一样,不断在广大青年中流传。

1. 请你和家人一起搜索《说到做到》这首歌来听一听,听完后,说说你在视频里的场景中会怎么做。

2. 读了陈建钧诚信创业的故事,你觉得他为什么能获得成功?

我 想 说

（张婷婷）

尾 声

诚 实 花

同学们,图中漂亮的小花有一个很特别的名字,你知道叫什么吗?聪明的你在阅读了之前的图片故事后一定能够猜出来。对了,它的名字就叫"诚实花",英文名字叫"honesty"。接下来,让我们一起走近它,认识它!

诚实花的学名为缎花,属于十字花科,很早以前就在欧洲地区出现了。时至今日,世界各地都有栽培,大家很容易看到它,也很容易忽视它。因为诚实花的花瓣非常普通,一朵花上一般只有四片花瓣,花形不大,花色大致有三种——红紫、淡紫、白色。因为诚实花易种好活,常成片地生长,所以城市绿地旁、公园花坛里、小区围墙边都能发现它的身影。

尾声

诚实花的花朵虽然比较普通,但它的果实形状却很有趣,薄薄的一片,形状好似纸盘,人们称之为角果,经常将其制成干花作为装饰。

 图片故事

诚信花朵

相传很久以前,欧洲某个小国的国王因无人继承王位而着急。经过深思熟虑,他决定在自己的国家中找出一位诚实的孩子作为王子。这个消息在全国张榜公布后,王宫一下子挤满了形形色色的小男孩。如何才能在这些孩子中找到一个诚实的人呢?国王很快就有了一个好主意。

一天早上，国王将孩子们召集在王宫的大厅里，郑重宣布：“我手里有很多种子，今天发给你们每人一颗。三个月后种子开花，谁种出的花最漂亮，谁就能成为'王子'，成为我的继承人。”

很快三个月就过去了，日子一到，之前的那群孩子一个不少都准时出现在王宫里。王宫顿时成了花的海洋，郁金香、玫瑰、紫罗兰、百合、月季……品种繁多，色彩艳丽，让人应接不暇！小男孩们一个个喜气洋洋地向国王展示自己的成果，可国王始终神情严肃，一言不发。直到最后，一个小男孩低着头捧着一个空空的花盆走上前，国王的脸色才缓和下来。小男孩涨红了脸，低语道：“敬爱的国王陛下，三个月来我每天都在精心地照料这颗种子，按时浇水、施肥，可是到今天它都没有发芽。”国王听了哈哈大笑，大声宣布：“你就是我的王子，一个诚实的王子！因为那些种子都是炒熟的，绝不可能发芽开花！”

（绘图：赵玲利）

1. 故事中的国王为什么选中什么也没有种出来的小男孩作为王子？

2. 从古至今，"诚信之花"的故事或传说还有很多，你听说过吗？请再搜集一个，讲给小伙伴们听。

我 想 说

（韩 英）

结 束 语

亲爱的同学们,诚信图片故事到这里已经全部结束了。在结尾,送给大家一束诚实花,希望它的种子能早早在我们的心田生根发芽,让我们的心房都能开满美丽的"诚信之花"!

(绘图:赵玲利)